T0283084

LA
LLAVE
DE TU
ENERGÍA

La información contenida en este libro se basa en las investigaciones y experiencias personales y profesionales del autor y no debe utilizarse como sustituto de una consulta médica. Cualquier intento de diagnóstico o tratamiento deberá realizarse bajo la dirección de un profesional de la salud.
La editorial no aboga por el uso de ningún protocolo de salud en particular, pero cree que la información contenida en este libro debe estar a disposición del público. La editorial y el autor no se hacen responsables de cualquier reacción adversa o consecuencia producidas como resultado de la puesta en práctica de las sugerencias, fórmulas o procedimientos expuestos en este libro. En caso de que el lector tenga alguna pregunta relacionada con la idoneidad de alguno de los procedimientos o tratamientos mencionados, tanto el autor como la editorial recomiendan encarecidamente consultar con un profesional de la salud.

Título original: LA CLÉ DE VOTRE ÉNERGIE
Traducido del francés por Cristina Brodin-Valero
Diseño de portada: Editorial Sirio, S.A.
Maquetación de interior: Toñi F. Castellón

© de la edición original
Editions Albin Michel, 2020

© fotografía de la autora
Astrid di Crollalanza

© de la presente edición
EDITORIAL SIRIO, S.A.
C/ Rosa de los Vientos, 64
Pol. Ind. El Viso
29006-Málaga
España

www.editorialsirio.com
sirio@editorialsirio.com

I.S.B.N.: 978-84-18531-78-1
Depósito Legal: MA-154-2022

Impreso en Imagraf Impresores, S. A.
c/ Nabucco, 14 D - Pol. Alameda
29006 - Málaga

Impreso en España

Puedes seguirnos en Facebook, Twitter, YouTube e Instagram.

 El papel utilizado para la impresión de este libro está **libre de cloro** elemental (ECF) y su procedencia está certificada por una entidad independiente, no gubernamental, que promueve la sostenibilidad de los bosques.

NATACHA CALESTRÉMÉ

LA LLAVE DE TU ENERGÍA

22 PROTOCOLOS
PARA
LIBERARTE EMOCIONALMENTE

EDITORIAL
SIRIO

Índice

Segunda parte
¡Maneja tus poderes!

Tercera parte
Tu cuaderno de salud emocional

Introducción

T odos hemos vivido momentos difíciles y, sea cual sea nuestra edad, esperamos que estos dejen algún día de impactarnos. Duelos, rupturas, enfermedades, fracasos, pérdida de empleo, problemas familiares... a veces la vida parece haberla tomado con nosotros injustamente. Apenas nos hemos recuperado cuando de nuevo un duro golpe nos devuelve al fondo del pozo.

Comenzamos a consumir productos ecológicos, practicamos la meditación, vamos a terapeutas que nos enseñan a querernos a nosotros mismos, a perdonar... A partir de ese momento, es verdad que la idea de escaparnos a la otra punta del mundo aparece con menos frecuencia que antes... Pero paradójicamente, en cuanto una situación difícil surge de nuevo, un sentimiento de cólera y frustración nos atraviesa de una manera si cabe todavía más violenta. Y nos decimos: «¡Estoy haciendo todo lo posible! ¿Por qué nunca es suficiente?».

Entonces, ¿cómo escapar de ello? ¿Cómo encontrarse mejor, reconstruirse, encontrar de nuevo la alegría y la serenidad?

Siempre y cuando todavía me quedara algo de energía, mi optimismo salía a flote e iba dejando para más tarde la respuesta a estas preguntas existenciales. Siempre encontraba una manera de avanzar. Como un caballo de tiro, me agotaba acarreando cargas emocionales cada vez más pesadas con el paso de los años. En aquella época, no era consciente de mi sufrimiento. Estaba cegada por los pañuelos de papel que utilizaba para secar mis lágrimas. Hasta el horrible día en el que mi cuerpo dijo basta. Sentada, de pie, tumbada: sufría de un violento dolor que empezaba en la espalda y se extendía hasta las piernas. Rápidamente me diagnosticaron una doble hernia discal. Cierto es que nadie se muere de una hernia discal, pero acostumbrada como yo estaba a galopar, esta inmovilidad dolorosa me parecía una pequeña muerte.

Fingir que estaba bien se convirtió en algo imposible. Como no podía moverme, me impuse hacer balance. Desde hacía cuatro años la vida me maltrataba severamente. Mi divorcio de mi primer marido continuaba afectándome, impactando dolorosamente a mi círculo familiar. En el plano profesional, había perdido la confianza en mí misma tras el rechazo de un manuscrito y diferentes proyectos de documentales. Fue entonces cuando ocurrió una gran tragedia: mi hermana pequeña, a la que me sentía tan cercana desde hacía tres años, falleció tras varios meses en coma. Un tiempo después, una de mis mejores amigas moría de agotamiento a fuerza de ser acosada por un marido controlador. Luego ocurrió algo mucho más banal, pero que terminó de rematarme; fui atacada por la inaudita violencia verbal de una persona de mi entorno a quien yo había hecho daño sin darme cuenta. Dos días después, una doble hernia discal me paralizaba. A pesar de la balsámica presencia de Stéphane, mi marido, lloraba de dolor asustada por la violencia que mi cuerpo me estaba haciendo experimentar. No es necesario echar mano de Freud para adivinar que no era esta última dificultad lo que me abrumaba, sino el cúmulo de todo. Yo era un caracol al sol con la concha resquebrajada. Reconstruirme se convirtió entonces en mi prioridad.

Leí con avidez libros de desarrollo personal esperando encontrar las claves que me ayudaran a salir de mi desolación. Me llamaron sobre todo la atención las palabras del médico psiquiatra Carl Gustav Jung, fundador de la psicología analítica: «Aquellos que no aprenden nada de los hechos desagradables de su vida fuerzan a la conciencia cósmica a reproducirlos cuantas veces sea necesario para aprender lo que enseña el drama sobre lo ocurrido. Aquello que niegas te somete. Aquello que aceptas te transforma». En otras palabras, mientras que nuestras heridas emocionales no se hayan *curado*, el universo —lo que Jung llama *la conciencia cósmica*— va a asegurarse de que atraigamos las situaciones y las personas que nos harán revivir esas heridas, con el fin de darnos *una oportunidad* de comprender el sentido, digerirlo y no vernos nunca más afectados.

El tiempo pasaba, y estas palabras de Jung no se me iban de la cabeza. En efecto, en el plano profesional, estaba ocurriendo algo bastante asombroso. Aun habiendo pasado quince años de mi vida haciendo documentales de animales e investigaciones científicas, todos mis proyectos eran rechazados sistemáticamente por las cadenas de televisión desde hacía un año. A la incomprensión le seguía la exasperación. Estaba convencida de que las respuestas positivas terminarían por llegar, pero los meses pasaban y no sucedía nada. Me encontré sin empleo. Con el paro apareció la vergüenza. Y después el final de mi prestación por desempleo, ni un céntimo más. Financieramente, un completo desastre.

Hasta el día en el que una orientadora de la oficina de empleo me convocó a una entrevista para asesorarme en mi búsqueda de trabajo. Me lo tomé como una agresión. «Todo va bien, estoy escribiendo mi próximo libro, tengo proyectos cinematográficos; no insista, no iré», le respondí con la diplomacia de una fiera rabiosa. Pero a la administración no le importaban en absoluto mis estados de ánimo y, unas semanas más tarde, me vi obligada a ir a Saint-Denis, la sucursal especializada en trabajadores temporales del espectáculo. Una vez allí, desapreté los dientes y hasta simpaticé con una empleada sonriente. Le hablé de mis numerosos proyectos y de un sueño, escribir una serie para la televisión. Después de dos horas, le di la mano para despedirme. «No ha indicado su dirección de correo electrónico», me hizo saber. Le expliqué entonces que ya no la comunicaba para evitarme las pérdidas de tiempo y las informaciones sin interés. «Es una pena, podría recibir anuncios de prácticas», insistió. Sin escucharme, se desplazo por las páginas de su pantalla hasta que me dijo: «Mire, estoy viendo que hemos recibido propuestas de *masterclass* organizadas por la escuela de cine de Luc Besson». Intrigada, me volví a sentar. La empleada me tendió diez páginas de diferentes programas, tomé una al azar y leí: «Aprender a escribir una serie de televisión». Se me desencajó la mandíbula y mi corazón se embaló... Instantáneamente, pensé en la frase de Jung. «Aprender de nuestros golpes». Sin rechazo de las cadenas de televisión, no hay paro, sin paro no hay cita con la oficina de empleo, sin cita con la oficina de empleo, imposible saber de la existencia de estas prácticas. ¿Y si esta ausencia de trabajo que yo vivía como una injusticia me permitiera alcanzar mi sueño?

Me informé, la *masterclass* estaba muy solicitada y empezaba en tres semanas. No tenía un minuto que perder. Di las gracias a mi consejera y me dispuse a preparar una candidatura a la atención de la AFDAS,* el organismo que otorgaba becas para la formación. Acto seguido, me presenté toda contenta en la ventanilla.

—Lo siento —me lanzó la recepcionista devolviéndome los documentos—, el plazo mínimo de presentación de candidaturas ha pasado a un mes y sus prácticas comienzan dentro de tres semanas: es demasiado tarde para inscribirse.

Entré en pánico, oscilando entre la duda y la certeza, pero si Jung tenía razón, debía asistir a aquella *masterclass*.

---

* N. de la T.: Assurance formation des activités du spectacle ('seguro de formación de las actividades del espectáculo').

—Tiene que haber una solución —le dije con una voz nada convencida. Tenía la intuición de que lo que ahí estaba ocurriendo tendría un impacto sobre todas las dificultades de mi vida. Si me aceptaban, pondría toda mi energía en «aprender lo que me enseñaba el drama» de los acontecimientos dolorosos del pasado.

—¿No será usted autora, por un casual? —me pregunta ella entonces.

—Sí...

—Porque si puede justificar nueve mil euros ganados en dos años como guionista, entonces podría. El plazo para los autores son tres semanas en vez de un mes, y el último día es hoy.

Salí como un rayo hasta mi casa con el fin de enviar una copia de mis justificantes. La buena noticia no se hizo esperar: mi formación estaba aceptada. Una semana más tarde, recibí la llamada de la escuela para proponerme una entrevista y he aquí que me aceptaron para una de las ocho plazas disponibles. ¡Lo que acababa de ocurrir era impresionante! En aquella época lo ignoraba, pero la historia no se acabaría ahí. Unos meses más tarde, a causa de una vacante, el director de la escuela de cine, que conocía mi trabajo de escritora, me confió el curso «Escribir un guion y concebir un personaje» para los estudiantes de primer y segundo año. Y como guinda del pastel, un productor me confió más adelante la escritura de un proyecto de serie para la televisión.

El balance estaba claro: el paro, que yo vivía como un drama absoluto, se había convertido en la escalera que me conducía a cumplir mi sueño.

Ese día comprendí... que todo tenía un sentido.

¿Y después? ¿Qué podía hacer para sanar y avanzar? Unos años antes, siendo periodista y directora, había conocido a personalidades que me habían invitado a mirar las heridas que me asestaba la vida desde otro punto de vista. En aquella época no era algo que me preocupara, pero mi visión cartesiana se había visto verdaderamente afectada. Sanadores, magnetizadores, médiums, chamanes... me habían confiado sus técnicas de sanación y la manera en la que habían aprendido a recuperarse. Ni biología ni psicología, se trataba de una energía y de una visión fundamentalmente diferentes de todo lo que yo había aprendido hasta entonces. ¿Y si eso podía ayudarme?

Apliqué esas técnicas. Semana tras semana, mes tras mes, me reconstruí liberándome de las heridas heredadas de mi familia, alejándome de mis miedos, despojándome de la culpa, y sanando. Mi vida se transformó, se sublimó.

Y después decidí compartir esos protocolos energéticos en mis talleres. Y qué alegría el recibir a terapeutas, psicólogos e incluso médicos venidos de toda Francia. A lo largo de estos años, recibí tantos y tantos testimonios de desconocidos para los cuales la vida ha cambiado que una lucecita se encendió. El momento de compartir este precioso saber había llegado. Este libro es el fruto de ese proceso.

Vas a liberarte de tus emociones dolorosas y reconectarte con tu fuerza interior, la llave de tu energía.

Consejo: tómate tu tiempo y lee el libro entero antes de poner en práctica los protocolos. Si vas directamente a las páginas de cada uno de ellos, habrás pasado por alto las explicaciones y eso bloqueará tu mente. Pon pues todo de tu parte para que sea un éxito y sumérgete por completo en la lectura.

PRIMERA PARTE

¡Haz el diagnóstico correcto!

CAPÍTULO 1

Identificar las heridas emocionales

C ambiar nuestro punto de vista ante la adversidad, ese es nuestro objetivo. Algo formidable se esconde detrás de cada situación difícil. De momento, solo vemos el barro. Pronto podremos comprender que se trata en realidad del fertilizante que nos ayudará a crecer. Si tomamos cierta distancia de los acontecimientos, cesaremos de percibirlos como catástrofes y cada golpe duro se transformará en experiencia. Nosotros no somos ni las víctimas del destino ni el objetivo de nadie; nosotros tenemos que integrar algo positivo de la situación que estamos viviendo.

Atenta a esta manera de concebir la vida, descubrí el *best seller* de Lise Bourbeau *Las cinco heridas que impiden ser uno mismo*. Esta terapeuta canadiense ha basado sus investigaciones en los postulados del neurólogo Sigmund Freud, fundador del psicoanálisis, quien afirma, entre otras cosas, que nuestra apariencia física podría estar relacionada con nuestras emociones. Después de haber estudiado miles de casos, Bourbeau asegura que existirían cinco heridas emocionales: el rechazo, el abandono, la humillación, la traición y la injusticia.

Cada uno de nosotros viviríamos dos o tres de manera preponderante. La autora describe en su libro la manera en la que nuestro cuerpo muestra los estigmas, y propone un retrato robot para cada herida. He elegido presentaros sus características generales con la ayuda de ejemplos de famosos.

LAS CINCO HERIDAS CAPITALES

La herida de rechazo: cuerpo estrecho o fino durante la infancia con a menudo un hueco a la altura del pecho; tiene como una máscara alrededor de los ojos. Busca la perfección en su trabajo, es solitario y en la empresa suele hacer vida «aparte». Elige la huida ante una situación difícil. Angelina Jolie y Andie Wharhol.

La herida de abandono: cuerpo falto de tono, espalda curvada, mirada triste, busca llamar la atención y sueña con ejercer un oficio público. Pide consejos, pero no los sigue necesariamente; no soporta vivir solo, es muy afectivo con su entorno. Woody Allen y Carlos de Inglaterra.

La herida de humillación: cuerpo grueso y cara redonda, grandes ojos, no le gusta ir deprisa, intenta ser perfecto para evitar las críticas, se impone el hacer más por los demás que por sí mismo hasta el punto de tener el sentimiento de que abusan de él. Marlon Brando, Margaret Thatcher y Donald Trump.

La herida de traición: cuerpo bien proporcionado que exhibe fuerza y poder, mirada intensa y seductora, intolerante con los problemas de los demás, le gusta tenerlo todo controlado y no delega, busca impresionar, comprende y reacciona rápidamente. Penélope Cruz y Arnold Schwarzenegger.

La herida de injusticia: cuerpo recto y perfecto de apariencia, glúteos redondeados, mirada viva y brillante, muy exigente consigo mismo, busca la perfección. Niega tener problemas y tiene dificultades para disfrutar sin sentirse culpable. Zinedine Zidane y John F. Kennedy.

Si leyendo estas líneas piensas: «Yo no me reconozco en ninguna de estas descripciones», y tu entorno dice: «¿Cómo que no? Es exactamente como tú», ¡es normal! Nuestra mente siempre intenta alejarnos de nuestra herida con el fin de protegernos de la toma de conciencia dolorosa. Tuve una experiencia durante una conferencia en la cual acababa de mencionar las cinco heridas. Un señor vino a mi encuentro y me dijo: «He contado cuatro heridas, me falta una». Le expliqué que la que le faltaba era sin duda su mayor herida. Su mente buscaba así evitar el sufrimiento en caso de que no estuviera preparado para afrontar la realidad. Me sonrió, incrédulo. Entonces le pedí que me citara las cuatro que había escuchado. Le faltaba la herida de traición. «Es la historia de mi vida», murmuró sorprendido.

¿Estás preparado para probar la experiencia? Anota a continuación cuáles son las cinco heridas sin mirar los párrafos precedentes. El objetivo no es poner a prueba tu memoria sino hacer un ejercicio.

1. ....

2. ....

3. ....

4. ....

5. ....

Qué suerte si has olvidado una o dos: acabas de identificar seguramente tus heridas más importantes. Si no, fíate de las descripciones físicas presentadas anteriormente.

 • *La manera en la que nuestro cuerpo expresa sus heridas predominantes es muy interesante, pero lo más desconcertante es lo que dice Lise Bourbeau en lo relativo a su origen: «Nuestra alma elegiría cierto número de heridas que experimentar, por ejemplo el rechazo y la injusticia, o la traición y el abandono. Una vez definido esto,* **atraeríamos**, *sin descanso, a* **las personas y situaciones** *que nos harían revivir estas heridas hasta que estas dejan de afectarnos».*

Las primeras personas a las que *elegiríamos* serían nuestros padres. Nuestra alma decidiría el *entorno* familiar, cultural y social en el que naceríamos. Cuando descubrí esto, me quedé perpleja. Después, realizando la serie *Investigaciones extraordinarias*, dedicada sobre todo a la hipótesis de la persistencia de la conciencia después de la muerte, mis certezas dieron un vuelco. Algo más de la mitad de la población mundial cree en la reencarnación, pero esto era en mi opinión tan solo una visión exótica y oriental. Estaba lejos de imaginar lo que iba a descubrir estudiando la historia del pequeño James Leininger, uno de los casos ultradocumentados que constituyen todo un misterio para la ciencia.

Originario de Luisiana, en Estados Unidos, James tiene dos años en 2000, cuando empiezan sus pesadillas. No deja de gritar «avión en llamas» y dar golpes contra los barrotes de su cuna chillando que no puede salir de la cabina. Pasados unos años, el niño afirma ser un aviador estadounidense de la Segunda Guerra Mundial cuya base es el portaaviones Natoma. Llega incluso a dar el nombre de sus compañeros y nombra la isla de Iwo Gima como lugar en el que su avión fue derribado... Harán falta diez años de investigaciones para que sus padres, un tanto escépticos, admitan que su hijo es sin lugar a dudas la reencarnación de James Huston, abatido en 1945 por el ejército japonés en un ataque aéreo. Todos los detalles aportados por el niño, de los que algunos habían sido clasificados confidenciales por el ejército, se verificaron y validaron en 2011. Es impresionante, pero lo más asombroso es lo que James les dijo a sus padres en relación con su concepción: «Os he elegido, a ti y a mamá, para ser mis padres». El padre, con los ojos como platos, le preguntó en qué momento. «Cuando estabais de vacaciones en Hawái, en el hotel rosa». Y, según su fecha de nacimiento, ¡es efectivamente en el hotel Pink Palace de Hawái, adonde fueron de vacaciones, el lugar en el que fue concebido!

Así que por loco que pueda parecer, cada uno de nosotros elegiría a sus padres... y no solo eso. También todos sus conocidos, amigos, entorno familiar y profesional. El dálai lama ha declarado al respecto: «Somos más de siete mil millones en la Tierra, es absolutamente imposible que las personas con las que vivimos estén ahí por casualidad».

Pero entonces ¿cómo hacer para que nuestras heridas emocionales dejen de reaparecer?

CAPÍTULO 2

Salir del ciclo de nuestras heridas emocionales

El primer paso consiste en tomar conciencia de tus heridas y **aceptarlas**. Si no has definido tus heridas predominantes en el ejercicio precedente y tampoco te has identificado con las descripciones físicas, he aquí un método eficaz para hacerlo: escribe las palabras clave que te recuerden seis o siete momentos difíciles de tu vida. Puede ser por ejemplo el nombre de una persona que te ha dejado o te ha engañado, un fallecimiento que te ha impactado mucho, una bofetada que te dieron de pequeño, un comentario doloroso de un miembro de la familia o compañero de trabajo, un accidente de tráfico, un conflicto, la pérdida de un animal de compañía, un puesto que jamás llegaste a obtener... ¡No dudes en ser exhaustivo! Anota todo lo que se te pase por la cabeza, ya sea un hecho antiguo o reciente, eso no tiene importancia. Cuantas más situaciones menciones, más interesante será luego.

— ....

— ....

— ....

- ....
- ....
- ....
- ....

IDENTIFICAR LA SITUACIÓN

Con la ayuda de una letra, identifica ahora la manera en la que has vivido cada situación según una de las cinco heridas: I para injusticia, R para rechazo, A para abandono, T para traición y H para humillación. Si una situación comporta dos heridas (por ejemplo, injusticia y traición), anota las dos iniciales correspondientes. A menudo es difícil diferenciar el rechazo del abandono. El rechazo lo provoca una decisión (por ejemplo, como cuando éramos niños y nos decían: «No vas a comer hasta que no hayas terminado los deberes»). En cuanto al abandono, se trata de una falta de atención o de un acontecimiento *aparentemente independiente* de nuestra voluntad (por ejemplo: «He llegado tarde a buscarte porque había embotellamiento»).

Cuenta el número de I, R, A, T y H. Si dos o tres heridas aparecen más que las otras y eso confirma lo que pensabas, ¡muy bien! ¿Te sorprende? ¡Mejor todavía! Sea lo que sea, acabas de identificar las heridas que condicionan tu vida. Atención, cada situación puede percibirse de manera diferente según la persona que la vive. Una ruptura puede ser un abandono para unos pero un rechazo, una traición, una humillación o una injusticia para otros. De igual forma, una pérdida de empleo, un engaño, un fracaso y un accidente pueden por ejemplo percibirse todos como una injusticia.

Gracias a este ejercicio, acabas de identificar las heridas que nutren tus ciclos de situaciones difíciles evocados por Jung. ¿Quién no ha dicho nunca o conocido a alguien que haya dicho lo siguiente?:

- «Es horrible, todas las mujeres con las que salgo me engañan...».
- «Estoy en apuros, todos mis superiores son implacables conmigo...».
- «Es exasperante, cada vez que me compro un coche nuevo, tiene un problema...».

- *Siempre que consideremos esas situaciones como una desgracia, una maldición, o echemos la culpa a los demás posicionándonos como víctima, estaremos ignorando el mensaje: nuestra alma ha elegido experimentar ciertas heridas. Debemos superarlas para que dejen de afectarnos. Se trata de nuestro **mayor desafío.***
- *Recordemos que la situación que se produce sistemáticamente nos indica que no hemos captado el aprendizaje. Es un regalo, una nueva oportunidad de abrir los ojos para comprender lo que todavía no hemos comprendido.*
- *Sorprendentemente, nos daremos cuenta de que **estamos haciendo vivir a nuestro entorno y a nosotros mismos la misma situación sin parar**. Sin embargo, la mejor manera de que la herida deje de afectarnos **es cesar de hacérsela vivir a los demás y a nosotros mismos.***

Retomemos los ejemplos de los famosos para entender el efecto *boomerang* de las heridas emocionales y su ciclo infernal.

La herida de rechazo

Andy Wharhol es uno de los artistas más importantes del siglo XX y sin embargo su obra siempre fue fuente de controversia ya que era puesta en entredicho entre sus compañeros artistas. Se sintió *rechazado* y poco querido durante sus estudios. Estaba obsesionado con la muerte, tenía tendencia a la anorexia (que es una forma de *rechazo* a su propio cuerpo) y era muy perfeccionista, al igual que Angelina Jolie, que también sufre de la herida de rechazo. La actriz prefiere la soledad y solo se rodea de aquellos a quien ella elige. Asimismo precisa que «siempre será una chica *punk*», un movimiento artístico que *rechaza* el orden establecido y se aparta de los códigos. Estas personalidades, aunque de sobra conocidas en todo el mundo, se «apartan» de todo mientras se abren camino a través de su arte, siempre al margen del «rebaño».

Distanciarse de esta herida de rechazo comienza por dejar de infligírsela a uno mismo y dejar de hacérsela vivir a los demás. Cesar de huir mudándose de casa; dejar de dar de lado a los que nos contradicen; privilegiar los caminos que no imponen decisiones (la enseñanza, la medicina, el análisis, la escritura, el comercio, las gestiones administrativas...); ser moderados en nuestra manera de calificar a los demás (en especial para todos aquellos cuya profesión los lleva a juzgar)... Para encontrar alivio, hay que dejar de fomentar el rechazo a nuestro alrededor.

La herida de abandono

A pesar de su excepcional sentido del humor, Woody Allen tiene la mirada triste. Pero sus «ojos de *cocker spaniel*», su postura encorvada y esa especie de letargo no le impiden ponerse sistemáticamente en escena en sus películas..., la mayoría de las veces como víctima. Esta búsqueda de atención, bien conocida de los artistas, es típica de la herida de abandono.

El príncipe Carlos tenía cuatro años cuando su madre lo *abandonó* para asumir sus funciones como reina de Inglaterra. Y como a todas las personalidades que tienen esta herida, el celibato le parece insoportable. *Abandonó* a Camilla Parker Bowles por Diana de Gales, a la que *abandonará* a su vez para volver con Camilla. Si sucediera a la reina en caso de que esta abdicara, ha dejado claro que *renunciaría* a su propio nombre de pila, ya que se considera maldito en la historia inglesa.

Cesar de depender de la opinión de los demás es liberarse de nuestra herida de abandono. Pero también hay que tener cuidado de no *abandonar* a la primera de cambio a nuestros amigos o las personas que nos acompañan y evitar *abandonar* todos nuestros proyectos en curso (pasiones, aficiones, ideas profesionales).

La herida de humillación

La ex primera ministra británica Margaret Thatcher es de sobra conocida por sus comentarios mordaces y humillantes hasta el punto de haberse ganado el apodo de «la dama de hierro». Lo mismo ocurre con el ya fallecido expresidente francés François Mitterrand, cuyas frases asesinas eran temidas por todos. Para ahuyentar los reproches, estas dos personalidades estaban constantemente pendientes del humor de los demás hasta el punto de perder de vista sus propios deseos y necesidades, algo que alimenta la herida de humillación. Humillación que Mitterrand infligió a su vez a su mujer cuando salió a la luz su aventura con Anne Pingeot. Marlon Brando, que también era corpulento (una de las características de la humillación), sentía vergüenza porque su madre era alcohólica y solía acabar inconsciente en lugares de perdición. *Humillado* durante toda su infancia, revivió esta herida cuando dejaron de ofrecerle papeles, y siguió *humillándose* a partir de entonces al no prestar atención a su aspecto físico (llegó a pesar ciento treinta y seis kilos al final de su vida). Donald Trump es experto en este «juego», ya que humilla de forma violenta a adversarios y periodistas a golpe de tuit, en los que ha llegado incluso a escribir que uno puede hacer lo que le dé la gana con las mujeres.

Si lo que deseamos es dejar de padecer comentarios despectivos de nuestro entorno personal, profesional o incluso de desconocidos, sería oportuno que evitáramos por nuestra parte las pequeñas burlas y las humillaciones a las que sometemos a nuestros allegados, y los nombres despectivos que les atribuimos. Si dejáramos de hacer siempre de más (para no decepcionar), sentiríamos que abusan menos de nosotros. Estando atentos a la manera en la que nos tratamos («Soy tonto») o la forma en la que nos alimentamos, no se daría lugar a esta herida de humillación y dejaríamos igualmente de engordar.

La herida de traición

Extravertidos, impacientes, seductores, exhibicionistas (les encanta hacer alarde de su fuerza y su poder), todos aquellos que llevan la herida de traición son actores natos. Se trata de una herida presente en un buen número de políticos que sufren de manera habitual traiciones de parte de sus colegas. Algunos actores experimentan aún con más fuerza la herida de traición cuando se meten en política, como Ronald Regan o Arnold Schwarzenegger. Penélope Cruz también tiene un físico perfectamente proporcionado (una de las características de la herida de la traición). Mientras que la actriz siempre había preservado su vida privada, su cuñada la *traicionó* revelando su embarazo a la prensa. Tanto ella como su pareja, Javier Bardem, decidieron rechazar todos los guiones que les presentaran durante un año para dedicarse exclusivamente el uno al otro, un pacto roto que Penélope vivió como una *traición* ya que Javier no tardó en aceptar la película que el director Alejandro González Iñárritu le propuso.

Cesar de querer planificarlo todo, de controlar nuestro entorno —oficialmente *para ayudar* (algo que en realidad nos tranquiliza)— y empezar a comprometernos con nosotros mismos (régimen, deporte, relax, dejar el tabaco...) es la mejor manera de deshacerse de una herida de traición. Si aprendemos a ser menos impacientes, si dejamos de dar por hecho que nuestra verdad es la única que vale, la traición, tanto personal como profesional, solo será un mal recuerdo.

La herida de injusticia

Zinedine Zidane, uno de los mejores jugadores de fútbol del mundo, es conocido tanto por su genialidad y juego de pies como por el terrible incidente acaecido durante la final de la Copa del Mundo de 2006. ¡Qué injusticia para un jugador de ese nivel! En plena final, tras escuchar los insultos a su madre y a su hermana, Zinedine dio un cabezazo al jugador italiano que ofendió *injustamente* a su familia. Ello le costó la expulsión y provocó que su equipo perdiera *injustamente* el trofeo. Él mismo habló de esta injusticia: «Siempre castigamos la reacción. Pero si no hay provocación, no hay reacción». Ahora que es un entrenador de talento, no es de extrañar que se lo juzgue por ser *injusto* con ciertos jugadores de su equipo por no seleccionarlos. Cuerpo recto, nalgas redondeadas y actitud perfecta (principales características de la injusticia) son también atributos del presidente estadounidense John F. Kennedy. El presidente más joven de los Estados Unidos, cuya familia experimentó una sucesión de tragedias injustas, fue alabado por sus logros en materia de *justicia* igualitaria.

¿Cómo dejar de sentirse tratado *injustamente*? Lo primero, tomando conciencia de la injusticia que nos infligimos a nosotros mismos. Como por ejemplo malgastar tiempo en obtener la excelencia en todos los ámbitos de nuestra vida en detrimento de nuestra salud o del tiempo pasado con nuestra familia. Empecemos por abrir los ojos y fijarnos en nuestra sensibilidad y nuestros placeres para evitar un *burnout*.* Prestemos atención a no olvidar *injustamente* a aquellos que nos han ayudado ni el impacto de cada una de nuestras decisiones.

A menudo, son dos heridas las que nos afectan, lo que las hace difíciles de identificar. Podemos tener un cuerpo de proporciones perfectas (herida de injusticia) con caderas más anchas que los hombros (herida de traición), en cuyo caso viviremos ambas heridas. De la misma forma, si tenemos tendencia a engordar y nuestro cuerpo está falto de tonicidad, eso significa sin duda que acarreamos las heridas de abandono y humillación.

ACEPTAR LA SITUACIÓN DIFÍCIL

Seamos portadores de una o de varias heridas, la clave está en estar atentos a lo que hacemos vivir a nuestro entorno pero también a nosotros mismos, y observar la manera en la que percibimos los acontecimientos. El ejemplo siguiente lo muestra claramente. Nicole participa en uno de mis talleres. Me cuenta la injusticia que sintió cuando su pareja no la felicitó por su cumpleaños nada más despertarse. (Otras personas hubieran vivido esto como un rechazo, una traición, una humillación o un abandono en función de su propia herida). Ya por la noche, cuando descubre la fiesta sorpresa que él le ha organizado con todos sus amigos, siente de nuevo un sentimiento de injusticia, pero esta vez porque él no ha sabido

---

* N. de la T.: El síndrome de *burnout* o «síndrome del trabajador quemado» hace referencia a la cronificación del estrés laboral. Este se manifiesta a través de un estado de agotamiento físico y mental que se prolonga en el tiempo y llega a alterar la personalidad y la autoestima del trabajador. Fuente www.quironprevencion.com

adivinar que ella hubiera preferido una cena los dos solos. En retrospectiva, Nicole entiende que ha considerado cada acontecimiento desde el prisma de esa herida. Protestando durante todo el día, no se daba cuenta de que se infligía, a su vez, la misma injusticia, aun cuando su pareja no había dejado de pensar en ella.

 • *A lo largo de nuestra vida, atraeremos personas y situaciones que van a darnos la oportunidad de vivir estas heridas para sanarlas. Comprender esto nos permite dejar de juzgar precipitadamente los actos de aquellos que nos rodean y vivirlos así mucho mejor.*

A partir de ahora hay que considerar toda nueva contrariedad como la ocasión para rectificar nuestra actitud. Pongamos este otro ejemplo: Laurent, un amigo que vive en el suroeste de Francia, comparte un pisito en París con su hermana que vive en España. Al llevar consigo una herida de rechazo, a él le gusta estar solo y le produce terror ser invadido por desconocidos. Al *atraer situaciones que nos hacen vivir nuestras heridas*, el *azar* hace que su hermana proponga a unos amigos que están de paso que vayan a dormir al piso justo en el momento en el que Laurent también está en él. Vive este conjunto de circunstancias como un rechazo por parte de su hermana y la rechaza a su vez decidiendo que las visitas imprevistas ya no están autorizadas. Hasta el día en que la suegra de su hermana, enferma de cáncer, va a París a hacerse pruebas la semana en la que Laurent se encuentra en el piso. Él se bloquea: «Puede venir, pero yo me voy al hotel». Es a la suegra a la que rechaza. Laurent desplaza el problema yéndose del piso. No ha entendido que todo *conspira* a su alrededor para que haga frente a su herida tantas veces como sea necesario, hasta que aprenda la lección y deje de hacer vivir el rechazo a su alrededor. Siguiendo mi consejo, decide aceptar de forma sincera la llegada de la suegra quedándose en el piso. ¿Qué es lo que pasó? La suegra envió un correo electrónico en el que explicaba que prefería instalarse en casa de una amiga para sentirse arropada y su presencia finalmente no importunó a Laurent.

- *No revivir nuestra herida ni hacérsela vivir a nuestro entorno significa actuar para evitar que las mismas situaciones se repitan sin cesar a lo largo de nuestra vida. No volver a ver a la persona que reactiva nuestra herida no es la solución. Reconocer nuestra herida, aceptarla, tomar conciencia de los ciclos y del hecho de que vuelve a presentarse para nuestro bien es la mejor manera de corregirse y dejar de sufrir.*
- *Reconocer nuestra herida no significa aceptarlo todo. Es indispensable protegerse y expresar lo que se siente frente a un abuso, una agresión moral o simplemente palabras pronunciadas con maldad. No me refiero pues a violaciones, golpes o perversiones, todas esas violencias para las cuales la única opción es la huida. Tras reaccionar, es la situación en sí lo que habrá que considerar como aprendizaje. En retrospectiva, a veces incluso años más tarde, cuando uno se ha reconstruido y el otro quizás se habrá disculpado, seremos más fuertes, habremos desarrollado aptitudes y talentos de los cuales no nos imaginábamos capaces, y habrá llegado entonces el momento de reconsiderar la situación de manera diferente.*

A la espera del momento en el que nos encontremos mejor, tenemos derecho a compartir nuestra consternación y nuestro odio. Es normal tomar manía a la persona que nos ha hecho sufrir, ¡incluso tratándose de nuestros padres, hermanos, abuelos, cónyuge o amigos! Pero para aceptar la situación y avanzar en nuestro camino, se recomienda liberarse de nuestras emociones tóxicas. Un día lo conseguiremos. Cada cosa a su tiempo.

Te aconsejo canalizar primero tus sentimientos, rencor, frustración o cólera a través de un terapeuta o tercera persona. Eso evitará que esos sentimientos se expresen a través de la violencia o de una enfermedad. Y si no logras distanciarte de ellos, los capítulos siguientes te ayudarán. Y no lo olvides, aquellos que nos hacen sufrir nos ayudan a tomar conciencia de nuestras heridas y de los ciclos que se repiten y así librarnos de ellos, por difícil que pueda parecer. Nuestros verdugos de hoy son los mejores aliados de nuestra evolución de mañana.

DISTANCIARSE DE LA SITUACIÓN DIFÍCIL

A veces nos equivocamos de objetivo. En ese caso, eso indica con certeza que nos reprochamos algo. Por ejemplo, si nuestro padre nos ha hecho vivir situaciones muy graves y, por un fenómeno inconsciente, tenemos un resentimiento aún más grande hacia nuestra madre por no habernos protegido, eso significa a menudo que nos reprochamos a nosotros mismos el no haber sabido decir «hasta aquí». De la misma forma, si un amigo nos hiere profundamente tomando una decisión y nuestra cólera se dirige hacia su mujer *porque todos los problemas vienen de ella*, significa que nos arrepentimos de no haber anticipado el problema con este amigo. Y para finalizar, un último ejemplo: si nos acosan en el trabajo y criticamos a nuestro hermano por no preocuparse de nosotros, es a menudo señal de que nos echamos en cara el no poder hacer frente a nuestro superior.

A causa de esta culpabilidad latente, nos herimos mental y físicamente... y de esta forma nos *castigamos*. Esto puede traducirse concretamente en una caída por la escalera por andar distraídos, al hacernos daño de la forma más *tonta* o cuando nos tropezamos con un mueble y nos magullamos un dedo del pie... Estos golpes físicos son la expresión de nuestra culpa.

 • *Cuanto más sufrimos, más nos impide nuestra mente afrontar la verdad. Aquellos que permanezcan escépticos ante estas líneas son aquellos que han vivido las situaciones más difíciles. Buscando protegernos, nuestra mente nos aleja de la comprensión.*

Protocolo 1
Salir del ciclo de las heridas emocionales

1. Toma conciencia de los ciclos que se repiten para identificar las heridas que te afectan (rechazo, abandono, humillación, injusticia y traición).

   (Nota: Si tienes la certeza de que ninguna de ellas te afecta, eso significa seguro que es la de la injusticia, esa que asegura: «No me pasa nada, estoy bien»).

2. Sé consciente de que el otro tiene seguramente la misma herida y de que te está ayudando a percatarte de tus puntos débiles.

3. Establece límites entre lo que es aceptable y lo que no, confía tus sentimientos para liberarte de la cólera. Explica a terceros la situación que te ha hecho vivir tal herida. Estate atento a no hacer vivir esta herida a tu entorno.

4. Deja de infligirte esa herida.

5. Superar la situación en cuestión significa comprender que esta reactiva algo que pide ser sanado. Se trata de parar el proceso de repetición.

6. Dejar de echar la culpa a los demás significa comenzar a liberarse de la herida.

7. No lo hagas para complacer al otro, actúa así porque es la única manera de liberarte.

8. Has sanado una herida cuando esta deja de repetirse.

CAPÍTULO 3

Comprender el significado de la enfermedad

La primera vez que consideré mi salud desde otro punto de vista distinto al médico fue gracias a una fiebre de caballo que me postraba en la cama desde hacía cuarenta y ocho horas. Como es natural, fui a consultar a un médico. En el momento en el que me iba, me vio hacer una mueca cuando me ponía el abrigo... No le había hablado del dolor de hombro que me atenazaba con cada uno de mis movimientos. «¿A quién tiene ganas de enviar a paseo?», me preguntó entonces, con una sonrisa en los labios. A bote pronto, no entendí su pregunta... No le veía ninguna relación con la fiebre y mucho menos con el dolor que me discapacitaba. Entonces me explicó que varios de sus pacientes con dolores de hombro tenían todos como punto en común el tener ganas de mandar a paseo a alguien de su entorno. Un sentimiento que me resultaba familiar... ¿Las relaciones con nuestros allegados tendrían un impacto sobre nuestra salud? Mi médico me recomendó de este modo trabajar mi relación con la persona que en ese momento no me podía quitar de la cabeza. El segundo paso fue por tanto ir a ver a un psicoterapeuta una vez a la semana durante casi un año. Por increíble que pueda parecer, el dolor se fue desvaneciendo progresivamente hasta desaparecer, ¡y sin ayuda de ningún medicamento! En ese momento, no me di cuenta de los procesos que intervinieron, pero este episodio volvió a mi mente cuando la doble hernia discal apareció. La solución se imponía por sí sola: se puede sanar si consideramos de *otra manera* el origen de nuestras enfermedades.

EL CICLO DE LAS ENFERMEDADES

Entre los ciclos que aparecen a lo largo de la vida, el de la enfermedad es de los más frecuentes. Desgraciadamente, no prestamos la suficiente atención a esta recurrencia. Y lo que es peor aún, caer enfermo ya ni nos sorprende. Anginas, resfriado, gastroenteritis, dolor de cabeza, estreñimiento, inflamación, asma, dolor de espalda o cistitis...: ¿y si el retorno de estas dolencias no fuera por casualidad? ¿Y si, como en el caso de las situaciones o momentos difíciles, este ciclo infernal tuviera un sentido? Cuando nos encontramos en cama, enfermos, pensamos que somos sensibles a ciertas bacterias u otros microbios, o que hemos atrapado virus horribles que circulan por ahí. El frío, las epidemias o las predisposiciones familiares nos harían caer enfermos. Por otro lado, los médicos de familia constatan a menudo que la mayoría de las enfermedades que sufren sus pacientes vuelven a aparecer. Razón de más para sentirse indefensos al observar que, si bien es verdad que las medicinas logran en general calmar *la crisis*, no impiden que la afección vuelva a aparecer. ¿Qué hacer para evitarlo?

Analizando nuestras diferentes reacciones frente a la enfermedad, he observado que tratamos a nuestro cuerpo con negligencia. Consideremos por ejemplo una migraña, uno de los problemas de salud más corrientes. Normalmente nuestra primera reacción es decirnos: «No es nada, se va a ir sola». Más tarde, si el dolor persiste, nos tomamos un analgésico. Establezcamos un paralelismo con un coche en el que el indicador de las pastillas de freno se enciende, lo que indica que están gastadas. Si reaccionamos como lo hacemos para un dolor de cabeza, «se va a ir solo», entonces no cambiamos los frenos y vamos directos al accidente. Segundo paso, tomamos un medicamento que alivia el dolor sin tratar la causa. En el caso de nuestro coche, es como si desconectáramos el indicador rojo que nos alerta del mal funcionamiento. Hacer desaparecer la señal luminosa no impedirá que el coche choque contra un muro ya que el problema de frenos seguirá existiendo. En nuestro ejemplo, ¡el coche somos nosotros!

Esta comparación demuestra dos cosas: la primera es que cuidamos mejor de nuestro vehículo que de nuestro cuerpo (cambiamos las pastillas de freno en cuanto salta el aviso, mientras que en lo que a nosotros respecta simplemente eliminamos el síntoma); la segunda es que nos enfocamos en los efectos en lugar de hacerlo en la causa raíz del problema.

Lo único que hacen los remedios —ya sean químicos o base de plantas— es *desconectar la lucecita roja* anulando cualquier síntoma. Por ejemplo, si contraigo una amigdalitis bacteriana, me van a dar antibióticos; si mi espalda se bloquea, me recetan un relajante muscular; si me sale un eccema, me recomiendan la cortisona, y si sufro crisis de ansiedad, me aconsejan tomar ansiolíticos... Pero ¿acaso con estos medicamentos estamos atacando realmente aquello que nos provoca el mal? No. La prueba está en que el mal en cuestión nos roe y no deja de aparecer. ¿Cuántas personas con inflamación en el pie derecho han constatado una atenuación o desaparición del dolor tras tomar antiinflamatorios para luego desesperarse ante el recrudecimiento del dolor en el mismo sitio o en el pie izquierdo?

Virus, bacterias u otros microbios o epidemias son elementos patógenos, cierto, pero están en la Tierra desde hace millones de años. Con el tiempo han evolucionado, adaptándose a los cambios de nuestro planeta y sus habitantes. Si su presencia fuera suficiente para que contrajéramos enfermedades, estaríamos todos enfermos, todo el tiempo. Sin embargo, algunos de nosotros caemos enfermos mientras que otros permanecen saludables. Otra *anomalía*: los virus necesitan del calor para proliferar, pero es en invierno cuando hacen más estragos... ¿Y si nuestro cuerpo se hubiera debilitado hasta el punto de volverse sensible a los vectores de estas patologías?

Otras teorías señalan que la enfermedad vendría de desarreglos que se producen en nuestro cuerpo. Los análisis biológicos permitirían convencernos: la falta de magnesio explicaría el estrés, demasiado hierro en el organismo sería el origen de una deficiencia neurológica, el colesterol *malo* sería la causa de los problemas de circulación sanguínea, una proliferación de bacterias sería susceptible de causar una infección de orina. Invirtamos ahora la relación de la causalidad. ¿Y si la fluctuación de estas moléculas no fuera más que una consecuencia? ¡Eso significaría entonces que el debilitamiento de nuestro cuerpo generaría esos desarreglos! Lo que explicaría por qué la mayoría de nosotros somos portadores *sanos* de agentes potencialmente patógenos y por qué la enfermedad va a declararse únicamente para una ínfima parte de nosotros. Un ejemplo claro es el virus del papiloma humano. En Francia, el ochenta y cinco por ciento de las mujeres están expuestas cada día a este virus, pero solamente un 0,002% tendrá cáncer de útero. Así pues, ¿por qué de los treinta y un millones de mujeres francesas expuestas a este virus solo van a verse posiblemente afectadas quinientas veintisiete? La presencia del virus en la sangre no desencadena la enfermedad. ¿Por qué solamente unas pocas van a desarrollarla? Aquí podríamos llegar de nuevo a la misma hipótesis: un cuerpo debilitado.

Otra de las causas de nuestras enfermedades recurrentes estaría relacionada con nuestra alimentación. Si comemos demasiada grasa o demasiado azúcar, no tendremos únicamente problemas de digestión, sino que corremos el riesgo de tener sobrepeso, incluso de padecer diabetes. En este caso, el factor agravante parece ser el exceso. Pero entonces ¿por qué algunos comen como si no hubiera un mañana? ¿Qué estamos intentando colmar al devorar más de lo necesario? ¿No estaría nuestro cuerpo buscando compensar un debilitamiento del organismo obteniendo energía de donde está seguro de encontrarla: el azúcar, el alcohol, los alimentos grasos?

Abordemos ahora la manera en la que reaccionamos cuando sufrimos. Por ejemplo, cuando un niño se cae y se hace heridas en las rodillas. O cuando a un hombre se le declara un violento ataque de ciática relacionado con una hernia, hasta tal punto que no puede moverse. O cuando una mujer se entera del fallecimiento de un ser querido, su corazón se encoge, se ahoga y de repente le aparece un eccema abrasador. O cuando un estudiante suspende un examen, y su cuello y sus vértebras se crispan y le provocan una tortícolis. Sea cual sea el origen del sufrimiento, podemos observar que este genera dolores físicos. ¿Qué pasa entonces en nuestro cuerpo y nuestra mente? Es en ese momento cuando nuestra mente entra en juego. Se activa para protegernos del dolor. Intenta hacer desaparecer por todos los medios el mal que se ha instalado en el cuerpo y que nos hace sufrir. De esta manera, el niño va a ir a ver a su madre llorando, esta va a desinfectar las heridas, le va a poner una tirita y después le dará un beso y lo convencerá de que ya no duele. El que se queja de una ciática va a consultar al médico para que le recete un antiinflamatorio. Un psiquiatra o psicoterapeuta ayudará a nuestra señora en duelo y la cortisona aliviará su eccema. El estudiante irá a un fisioterapeuta u osteópata para curar su tortícolis.

¿Qué podemos sacar en claro de estos ejemplos? A fuerza de medicinas y terapeutas, he aquí el mensaje que estamos enviando a nuestro cuerpo: «Te has equivocado, no estás sufriendo». Y sin embargo la caída, el desplazamiento de una vértebra, el duelo y el fracaso siguen bien presentes.

 • *Ayudándonos a huir de una situación que nos hace sufrir, nuestra mente nos aleja paradójicamente de aquello que nos permitiría encontrar la solución.*

EL MENSAJE DE LA ENFERMEDAD

¿Y si hubiéramos perdido el reflejo de fiarnos de nuestro cuerpo? ¿Por qué no estamos más atentos a las informaciones que nos envía? Desde nuestro nacimiento, nos han enseñado a percibir el dolor como un signo de debilidad. Estamos convencidos de que el hecho de que el dolor se exprese no es legítimo. Creamos entonces una disonancia cognitiva entre lo que sentimos y nuestra manera de afrontar el problema. Dicho de otra forma, nos hemos convertido en sordos y ciegos ante los mensajes de alerta que nuestro cuerpo nos envía. Es un poco como si nuestro teléfono sonara y cortáramos la comunicación sin ni siquiera saber quién desea hablar con nosotros. ¿No sería la enfermedad un mensaje que a nuestro cuerpo le cuesta expresar?*

---

* N. de la T.: En el original, la autora hace un juego de palabras entre *maladie* ('enfermedad') y *mal-à-dire* ('cuesta decir'), ya que ambas se pronuncian de manera similar. Imposible de traducir al castellano sin perder esa similitud fónica.

Intentemos descifrar el mensaje. Como hemos visto, si estamos enfermos significa que nuestro cuerpo se ha debilitado y que es sensible a virus, bacterias u otros microbios que lo atacan. ¿Por qué no logra defenderse? Está demostrado que la polución, los pesticidas y los metales pesados debilitan considerablemente nuestro organismo y perturban nuestro sistema endocrino, lo que altera el crecimiento y comportamiento de nuestras células. A escala individual, ¿podemos limitar nuestra exposición a este tipo de contaminación? No, incluso siendo necesario que cada uno actúe de forma individual para reducir el impacto sobre el medioambiente). De la misma manera, ¿acaso podemos eliminar los virus, bacterias u otros microbios que están a nuestro alrededor? Tampoco.

Ante esta constatación, ¿sobre qué parámetros actuar para sanar? Es aquí donde entran en juego las enseñanzas de las medicinas tradicionales o alternativas que ponen a nuestras emociones en el centro del protocolo de sanación:

- La medicina china, con más de dos mil quinientos años de experiencia, se ha ganado a pulso el respeto, incluso en Occidente, y demuestra la importancia de las emociones dolorosas en la aparición de las enfermedades. Por ejemplo, las grandes tristezas afectan al pulmón, la cólera al hígado y el miedo a los riñones.
- La acupuntura se basa en flujos de energía que atraviesan el cuerpo a través de meridianos invisibles y ha puesto en evidencia el impacto de las emociones desagradables en nuestros órganos vitales.
- La EFT (*Emotional Freedom Technique*[*]) propone estimular ciertos puntos de esos meridianos mientras se evoca oralmente y de forma positiva una emoción difícil del pasado.

---

[*] N. de la T.: Técnica de Liberación Emocional.

- La hipnosis permite revivir una emoción mal digerida transformándola en un acontecimiento positivo que imaginamos y del que nos apropiamos.
- La quinesiología se sirve de reflejos musculares para encontrar el momento preciso en el que el cuerpo se ha impregnado de una emoción relacionada con un acontecimiento traumático.
- La iridología parte del principio de que el conjunto del cuerpo humano está representado en el iris. Toda emoción desagradable crea una mancha o huella visible en el ojo.
- Los elixires florales creados por el doctor Bach controlan nuestras afecciones tratando algunas de nuestras emociones críticas: la hipersensibilidad, el abatimiento, el miedo, la soledad, la desesperación, la preocupación excesiva...
- Existe incluso un tipo de osteopatía que detecta las emociones que nos han hecho daño con el fin de eliminarlas presionando sobre los puntos de bloqueo.
- Y para terminar, la aromaterapia, el *shiatsu*, el EMDR (*Eye Movement Desensitization and Reprocessing**) —una técnica que permite tratar un episodio traumático asociándolo a movimientos oculares—, la somatoterapia... basan su éxito en la búsqueda y gestión de traumas y emociones dolorosas.

- *El cuerpo es el receptáculo de todos nuestros trastornos emocionales. Por medio de la enfermedad, nuestro organismo nos envía la señal positiva de que somos capaces de descifrar esos trastornos y deshacernos de ellos.*

---

* N. de la T.: 'Desensibilización y reprocesamiento por medio de movimientos oculares'.

EL FÍSICO Y LAS EMOCIONES ESTÁN CONECTADOS

Toda emoción difícil —percibida desde la vida prenatal— tendría un impacto en nuestro organismo. La contrariedad, la cólera, el abandono, la culpabilidad, la humillación, la vergüenza, la injusticia, la tristeza, el rechazo, el miedo, la traición... toda herida emocional crearía una especie de *nudo* en nuestro cuerpo que bloquearía la energía que circula en nuestras células. Mientras somos jóvenes y estamos en forma, la mayoría de nosotros tenemos la fuerza suficiente para compensar ese bloqueo. Pero con la contaminación, el cansancio, el estrés y los años que pasan, el organismo se vuelve menos apto para esquivar el problema.

En consecuencia, cuando una emoción desagradable reactiva las primeras heridas emocionales, nuestro cuerpo, debilitado, deja vía libre para que la enfermedad se declare. Por supuesto, tomar medicamentos es indispensable para atenuar el dolor e impedir la proliferación de agentes patógenos. Pero si deseas erradicar el mal de forma definitiva, toma desde ya conciencia de que tu cuerpo te está alertando sobre una antigua situación que no has arreglado y a veces de la que ni siquiera has sido consciente. Dicho de otra forma, tu organismo ya no es capaz de hacer frente —por sí solo— a este nudo y te pide que lo elimines.

Durante mis talleres, a menudo encuentro participantes que afirman: «El problema no es emocional, siento realmente dolor». No hay que confundir causa con consecuencias. La emoción difícil ha provocado un desarreglo de tus células que permite a la dolencia instalarse. La enfermedad por tanto está ahí, es real. Por otro lado, si procedes a hacerte pruebas médicas y análisis de sangre, detectarás una inflamación, bacterias, un virus o un desgarro muscular. El cuerpo expresa su malestar a través de una enfermedad bien concreta. Pero entonces ¿por qué no dirigirse a la psiquiatría, la psicología y el psicoanálisis? Estas terapias se interesan por nuestras emociones, y nosotros tenemos acceso a ellas para que nos ayuden a superar nuestras neurosis y depresiones, gestionar nuestro estrés, tener confianza en nosotros mismos, eliminar nuestras fobias y recuerdos dolorosos... Sin embargo, no nos dirigimos nunca a ellas para tratar un dolor físico (una ciática o una tortícolis por ejemplo), y todavía menos cuando tenemos síntomas biológicos como un resfriado o una diarrea. Estas terapias nos serían de gran ayuda, pero las dejamos de lado porque no hemos aprendido a establecer el nexo entre la enfermedad física y nuestras emociones. Y sin embargo, es en el nexo con nuestras emociones donde se encuentra la clave...

Philippe Bobola, doctor en Física, biólogo, investigador del cáncer, antropólogo y psicoanalista, llega incluso a extender el impacto emocional a los problemas genéticos. Según él, es probable que las enfermedades genéticas aparezcan en un hogar emocional. «Hablamos de familias en las que las mujeres tienen cáncer, otras en las que los hombres tienen diabetes. Sin embargo, de manera general, basta con eliminar esa creencia para que el ciclo se detenga», me dice. El impacto emocional es por lo tanto tan poderoso que podría expresarse de generación en generación. ¡Interesante!

Relativo a esto, me acuerdo de una mujer de unos cuarenta y tantos años que iba perdiendo la vista paulatinamente. Temía quedarse ciega, como había sido el caso de su madre y su abuela antes que ella. A pesar de haberse hecho pruebas en profundidad, no se le había detectado ninguna anomalía. Era, al parecer, genético, y no se podía hacer nada. En ese momento empezó, con la ayuda de una terapeuta, Michelle Duhamel, lo que se suele conocer con el nombre de «constelación familiar», una técnica de gestión de conflictos transgeneracionales que se practica en terapia de grupo. En paralelo, la mujer hizo una búsqueda exhaustiva sobre la genealogía de su familia... ¡y todo se aclaró!

Se quedó estupefacta al descubrir que doscientos años antes, una de sus antepasadas fue testigo con tan solo cuatro años de la ejecución de todo su pueblo por parte de las tropas de Napoleón. Traumatizada, sin lugar a dudas esta niña deseó con todas sus fuerzas «no volver a ver... eso». Es ahí donde se sitúa la clave del mal que afectaba a la mujer. *No volver a ver*: he aquí la información emocional capital que la antepasada había transmitido a su descendencia. La paciente realizó entonces un trabajo de «limpieza» de las heridas emocionales de su familia y recobró la vista.

Es importante añadir que la medicina moderna también admite que una emoción pueda ser el origen de una enfermedad. En efecto, la psiconeuroinmunología es una disciplina en pleno desarrollo que se basa en la constatación de que un episodio de estrés puede hacer bajar las defensas del sistema inmunitario de una persona. Esto la hace vulnerable frente a microbios, virus y bacterias.

- *Toda enfermedad transmite un mensaje a nuestro cuerpo, una información relacionada con una herida emocional. Así pues, hacer un trabajo sobre las situaciones difíciles que atravesamos en la vida tendrá un verdadero efecto en nuestra salud.*

CAPÍTULO 4

Salir del ciclo de la enfermedad

TOMAR CONCIENCIA DEL MENSAJE DE NUESTRO CUERPO

L a enfermedad está por tanto relacionada con una emoción desagradable. Ya sea esta reciente o muy antigua, se ha incrustado en nuestro organismo hasta crear un nudo energético. Es este nudo lo que genera a la larga el mal funcionamiento de nuestra salud. El bloqueo de estas energías nos hace más frágiles y más receptivos a virus y otros microbios que circulan a nuestro alrededor y enfermedades que nos afectan, o que incluso ya están en nosotros. Sea cual sea nuestro acercamiento, tengamos bien presente que es importante consultar a un médico para detener una infección, bloquear un virus o calmar el dolor desde los primeros síntomas.

En paralelo, es necesario deshacer el nudo energético. ¡Es aquí donde se encuentra la clave de tu salud! Eliminar el bloqueo impedirá que la enfermedad vuelva a aparecer. Pero ¿cómo hacerlo? Podemos tener la tentación de dirigirnos a un curandero, sanador o cualquier otro profesional que trabaje con la energía. Acudir a estos terapeutas resulta ser a menudo útil si el dolor es insoportable (por ejemplo en caso de un eccema o una quemadura), pero su acción por sí sola no es suficiente. Es indispensable interrogarse sobre las causas de la enfermedad para evitar que el problema vuelva y se exprese de forma diferente a través de otra enfermedad.

Esta forma de actuar es poco convencional, estoy de acuerdo, pero es indispensable ya que cuando cesamos de sufrir, las señales de alerta se silencian y dejamos de intentar comprender por qué el dolor se ha cebado en nosotros. Nos creemos liberados. Es un error porque la causa de la ruptura energética continúa su trabajo de alarma aumentando el impacto de la enfermedad en nuestro cuerpo. Es por lo tanto esencial buscar el origen.

Para actuar a largo plazo, es importante implicarse personalmente en el proceso de sanación en vez de ponerse en manos de terapeutas exclusivamente. Busca por ti mismo la causa que desencadena tu enfermedad para impedir su retorno. ¡No te imaginas de lo que eres capaz! Para convencerte, he aquí lo que dice al respecto el doctor Albert Schweitzer: «Dentro de cada paciente reside un médico, y nosotros, como médicos, lo mejor que podemos hacer es ponerle en contacto él».

 • *Si estás enfermo, he aquí un motivo para alegrarte: tu cuerpo está pidiéndote que fijes tu atención en una emoción mal vivida de la que debes tomar conciencia con el fin de eliminarla.*

ENCONTRAR EL ACONTECIMIENTO DESENCADENANTE

La clave para liberarte está en encontrar la emoción desestabilizadora. ¿De qué naturaleza puede ser esta emoción? Un comentario desagradable, una decepción, un temor, una mala noticia, un duelo, una separación, la pérdida de dinero o de empleo, un fracaso, un sentimiento de culpa, un engaño, una discusión, una situación vergonzosa... toda situación crítica es susceptible de despertar la antigua herida de la que a veces no tenemos conciencia.

Anota a continuación los acontecimientos perturbadores que tuvieron lugar unas horas antes, el día antes o semanas antes de tu enfermedad.

— Ejemplo: anginas, dos días antes: discusión con Fulano, imposible expresarme, me pasé la noche dándole vueltas a lo que debí haberle dicho.

— ....

— ....

— ....

Es generalmente fácil acordarse de un problema de salud que se desencadenó tras un duelo, pero cuando tenemos un resfriado, una gastroenteritis o una tortícolis tras un comentario anodino aunque desagradable de parte de un allegado, es mucho menos evidente. ¿Entonces por qué estos pequeños acontecimientos, *a priori* sin importancia, crean tantos trastornos como un evento traumático? Simplemente porque son la **réplica** de varios **seísmos** emocionales ocurridos durante la infancia.

A partir de ahora, desde la primera pequeña afección, ten el buen reflejo de buscar lo que ha generado una contrariedad.

Escribe la causa en un cuaderno dedicado a tu salud. Manteniéndote a la escucha de tu cuerpo y tus emociones, te será más fácil establecer la conexión entre un síntoma (la enfermedad) y el factor desencadenante (la emoción difícil, antigua y reactivada).

También puede ocurrir que el dolor no esté lo suficientemente presente como para que prestemos atención desde su aparición. Por otro lado, cuando al cabo de unas semanas el dolor se intensifica, somos a menudo incapaces de acordarnos de su origen. En otros casos, la enfermedad se instala tras una acumulación de acontecimientos, como en el caso siguiente. Conocí a una chica joven y en perfecto estado de salud que se fue un día a la discoteca. Durante la noche, el chico del que estaba enamorada en secreto empezó a salir con su mejor amiga. Primer *shock* emocional. En los días siguientes, un amigo suyo la incitó de manera regular a fumar marihuana, a lo que ella aceptó ya que era una manera de olvidar su tristeza. Pero he aquí que el letargo en el cual se había sumergido le hizo descuidar sus estudios superiores. Tres meses más tarde, al constatar los resultados catastróficos de sus exámenes, sus padres, que no estaban al tanto de la situación, le hicieron reproches: «Después de todos los sacrificios que hacemos para pagarte los estudios, y a ti te da lo mismo. Eres egoísta e irresponsable». La joven estudiante sintió una gran culpa ante la decepción de sus padres, lo que causó un segundo *shock* emocional. Después, al no comprender por qué se le estaba dando todo tan «mal», vino la depresión. Tercer *shock* emocional. He aquí la enfermedad. Había pasado tiempo desde el día en que fue a la discoteca y se hacía difícil encontrar el origen de su mal. Descubrir la emoción original no es por lo tanto tarea fácil. Afortunadamente, existen soluciones.

IDENTIFICAR LA CAUSA EMOCIONAL

¡Ya lo verás! En el momento en el que ponemos palabras a los motivos de una enfermedad y su causa emocional, el proceso de sanación se pone en marcha. Si no logras encontrar la herida emocional, te invito a hacerte las siguientes preguntas, que van a ayudarte a identificar el origen de la enfermedad. Durante este proceso, siéntete libre, olvida tus fallos y escribe con honestidad todo lo que te venga a la mente.

Protocolo 2
Encontrar el acontecimiento desencadenante

1. ¿Has tenido ya este tipo de enfermedad?

2. En caso afirmativo, para cada una de las veces que esta se ha declarado, rememora el contexto de su aparición (familiar, profesional, financiero...), una frase, un lugar, una persona o un acontecimiento doloroso asociados a dicha enfermedad.

3. ¿Este acontecimiento pasado está relacionado con lo que estás viviendo actualmente?

4. Cierra los ojos y piensa en tu enfermedad. ¿Qué emoción aparece de forma espontánea? Miedo, traición, tristeza, humillación, odio, rechazo, injusticia, culpa, cólera, impotencia, abandono, frustración... Anótala. Ahí tienes la emoción dolorosa que tienes que sanar.

5. ¿Sacas beneficio de esta enfermedad (estar enfermo es a veces una manera de que una persona cuide de ti)? ¿O a lo mejor esta enfermedad te evita pensar en una situación que te angustia? ¿Es acaso un modo de forzar el descanso que no puedes

---

permitirte? ¿Quizás escapas del trabajo de esta manera? ¿O tal vez la situación te permite pasar tiempo con una persona a la que quieres? ¿Estás huyendo de una responsabilidad o una situación en la que te sientes prisionero? ¿Es esta la manera de no tomar una decisión o de llamar la atención de tus allegados?

6. ¿Te sientes culpable? ¿Tienes ganas de pararle los pies a alguien o de dejar de vivir una situación en particular?

CAPÍTULO 5

La simbología emocional de las enfermedades

Si te es imposible encontrar la emoción que origina el problema de salud, puedes obtener ciertas indicaciones si consultas la simbología de las enfermedades. Existen varias obras que proponen una interpretación de los síntomas más frecuentes: *La metamedicina: cada síntoma es un mensaje*, de Claudia Rainville;[*] *El gran diccionario de las dolencias y las enfermedades*, de Jacques Martel; *Découvrir le sens caché des maladies*, de Luc Bodin, o *Dime qué te duele y te diré por qué*, de Michel Odoul. Se trata solo de algunas referencias, pero todos estos médicos, terapeutas y psicólogos han efectuado un trabajo minucioso de observación e investigación para intentar dilucidar la relación entre las diferentes afecciones y sus correspondencias emocionales.

He podido verificar la correlación entre los síntomas y las emociones de la simbología que sigue a continuación ya sea a través de mi familia y allegados o de las personas que asisten a mis talleres. Hay que tomar estas correspondencias como una posible guía ya

---

[*] Editorial Sirio, 2020.

que se basan en estadísticas, de manera empírica; por tanto, no se las puede considerar como una verdad absoluta. Resulta imposible relacionar cada enfermedad con una única historia afectiva. Insisto por ello en el hecho de que lo que sigue a continuación no constituye un diagnóstico cerrado. Se trata más bien de pistas que pueden acompañar a tus reflexiones. El verdadero significado es aquel que te dice algo. Requiere tiempo abrir los ojos y ser consciente de los traumas, pero bien se puede seguir *ciego* toda la vida. Es ahí donde la simbología puede ayudarte ya que a veces permite levantar el velo de aquello que nos negamos a ver.

- Un **accidente**, magulladuras (hematomas), una fractura incluso mínima (como el dedo de un pie) serían manifestaciones de miedo al futuro ante la idea de un cambio importante en nuestra vida. En la parte superior del cuerpo (brazos, hombros, clavículas, codos), tendría que ver con el trabajo. Para todo lo que está en la parte inferior (piernas, pies, caderas, tobillos), haría referencia al ámbito de la vida en general (familia, futuro, espacio de vida). También podría representar un reproche a uno mismo, un sentimiento de culpa o el hecho de no conseguir cesar una actividad aun sabiendo que es nefasta para nosotros. Un empleo, una adicción, el rechazo a descansar o la práctica excesiva de videojuegos, por ejemplo.
- El **accidente cardiovascular** se desencadenaría tras un trauma emocional relacionado con la pérdida de algo que consideramos vital (o con el miedo a perderlo): la pérdida de la custodia de un hijo, la quiebra de una empresa, el despido de un empleo, la jubilación que se acerca, una ruptura sentimental que no hemos visto venir, una casa de la que nos echan, la muerte súbita de un ser querido...

- Los **acúfenos** aparecerían debido al hecho de que nos metemos demasiada presión en nuestra vida profesional o familiar sin *escuchar* nuestras necesidades.
- Una **alergia** surgiría cuando no se acepta una situación, decisión o estado. Podría aparecer durante un período que evoca una situación difícil del pasado.
- Las **anginas** estarían relacionadas con el miedo a hablar demasiado o cuando nuestras palabras han ido más rápido que nuestros pensamientos o también porque tendríamos miedo de la violencia del otro al expresar lo que sentimos.
- La **anorexia** sería característica de un deseo vital de sentirse seguro controlando todo aquello que nos da alimento para superar grandes desilusiones en lo relativo al amor o la vida en general. Es por esto por lo que este trastorno puede aparecer tras el fallecimiento de un familiar, un divorcio o cuando la figura de autoridad falla.
- La **artrosis**, los **reumatismos** y la **inflamación de las articulaciones** estarían relacionados con una desvalorización de uno mismo, el sentimiento de *no ser nada*, limitarse a actuar únicamente en función de los demás (por miedo a no gustar) en vez de por placer o sentirse culpable por enfadarse porque los demás no adivinan... aquello que no les hemos dicho.
- Las **autolesiones** corresponderían al sentimiento de no valer nada en comparación con los que nos rodean o a la sensación de que no lograremos nunca el nivel que se espera de nosotros.
- Todo lo relacionado con los **brazos** y las **manos** estaría vinculado con la acción, el oficio, el miedo a actuar o el hecho de sentirse prisionero de una situación nueva a causa de una tercera persona. El **codo** se correspondería con el

miedo a las consecuencias de un cambio de dirección que elegimos o que nos imponen. Un fuerte dolor de **hombro** o una **capsulitis** estarían debidos a un odio o rencor que no podemos verbalizar, bien porque tenemos miedo de la persona y tememos que nuestra reacción sea desproporcionada, bien porque la persona ha fallecido, es muy mayor o está lejos. La **fractura de muñeca** tendría relación con el deseo de dejar una actividad que nos imponen o nos imponemos.

- Un problema de **caderas**, del **nervio ciático** o de las **piernas** estaría relacionado con la incertidumbre o la angustia con respecto al futuro tras la aparición de una situación estresante nueva (una reunión importante, una mudanza, la muerte de un ser querido, la jubilación, la pérdida de empleo, una ruptura), pero también tras un cambio radical de orientación o riesgos financieros o sentimentales, y de forma más general se relaciona con un profundo miedo de seguir adelante y proyectarse en el futuro.

- El **cáncer** puede afectar a tantos órganos, desde la piel hasta los pulmones pasando por el estómago, que es difícil establecer una correspondencia emocional general, sobre todo cuando la contaminación química, los pesticidas, los disruptores endocrinos y los metales pesados intervienen considerablemente en el debilitamiento de nuestro organismo. En el plano emocional, un cáncer podría revelar un sentimiento de impotencia o remordimientos relacionados con una situación en la que nos sentimos culpables, pero también puede deberse a un trauma emocional o al hecho de que tomamos conciencia de que nuestra vida debe cambiar de forma radical en un ámbito en particular, pero nos negamos a escucharnos. El doctor Bach, que vivió dieciséis años tras descubrírsele un cáncer incurable por el que le daban dos meses de vida, precisó que el cáncer intervendría cuando «nuestra vida cotidiana no está alineada con nuestras aspiraciones más profundas». Nuestro inconsciente nos impondría cambiar algo esencial en nuestra vida, nuestra manera de pensar, nuestro entorno, o incluso dejar de ser cartesianos.

- Las **cataratas** estarían debidas a una situación que ha provocado gran tristeza y que nos negamos a admitir camuflándola con una inmensa cólera.

- La **cistitis** aparecería cuando no nos sentimos respetados en cuanto a nuestras necesidades o cuando nos sentimos invadidos por la actitud o las preguntas de alguien con quien vivimos o trabajamos y que se mete demasiado en nuestra vida personal.

- La **diarrea** se mostraría cuando nos sentimos dependientes de una situación (sentimental, familiar, profesional, de amistad) que no nos gusta, o bien cuando ciertos acontecimientos o inquietudes generan demasiado estrés.

- Los problemas de **dientes** corresponderían al miedo a no asumir una decisión que hemos tomado, al temor de no estar a la altura de una misión que nos hemos fijado o a perder confianza en nosotros. El dolor de muelas estaría relacionado con la rabia (apretar los dientes) provocada por un sentimiento de haber sido engañado o ridiculizado.

- La **endometriosis** manifestaría nuestro miedo a que un hijo viniera a perturbar nuestra vida o nuestra relación de pareja. Es posible que nos hayan dicho (y repetido) que un hijo da muchos problemas. ¿Tendríamos que tener miedo a perder a un hijo o a educarlo solos (como uno de nuestros ancestros)?

- Las **enfermedades degenerativas** como el **alzhéimer**, acentuadas por la acumulación de productos químicos o metales pesados almacenados en el cerebro, estarían favorecidas por el peso de un gran secreto no divulgado, de culpa reprimida difícil de asumir (por algo que hemos hecho o que otra persona ha hecho pero que nos hemos callado) o de una situación problemática para la cual no encontramos solución.

- La **epilepsia** hablaría de la exasperación que sentimos ante la imposibilidad de gestionar nuestra vida como nos parece, o de nuestra incapacidad para evitar una situación desafortunada o conflicto por el que sentimos que nuestra vida está en juego.

- Las afecciones de **espalda** revelarían un deseo de protección, de apoyo, o el hecho de que nos imponemos una carga demasiado pesada (profesional, financiera o familiar) sin recibir reconocimiento, pero también las ganas de ayudar a los demás antes que a uno mismo, el miedo a no gustar, la culpa o un duro golpe que no hemos visto venir (una puñalada). La **escoliosis** estaría relacionada con el hecho de sentirse prisionero entre dos opciones imposibles (el padre o la madre durante un divorcio, por ejemplo) o con el sentimiento de no existir ante una autoridad demasiado poderosa.

- El **estreñimiento** estaría vinculado con el deseo de querer controlarlo todo en el plano profesional y familiar y negarse a delegar o descansar, o al hecho de *retener* demasiado nuestras palabras o nuestra forma de ser.

- La **fiebre** estaría generada por la cólera hacia alguien o hacia uno mismo tras una serie de reproches o una discusión.

- La **flebitis** sería la manifestación de un cúmulo de contra-riedades o desilusiones o el hecho de negarse a ser feliz en vez de asumir el riesgo de salir decepcionado una vez más.
- Una **hernia discal** se debería a un sentimiento de carga de toda tu familia o empresa y a la impresión de no estar recibiendo gratitud o beneficios. Es sentirse *aplastado* por las deudas, las cargas o un trabajo que ya no nos ofrece sa-tisfacción.
- El **herpes** podría estar inducido por una frustración. Nos sentimos incomprendidos.
- La **migraña** estaría relacionada con la impresión de volver a vivir una amenaza y dejar de sentirse seguro. El **dolor de cabeza** sería la manifestación de un sentimiento de inse-guridad, la dificultad de expresar un trauma, miedo o in-quietud, o bien tensiones constantes cuando se vive bajo la influencia de alguien o bajo alguna forma de sumisión. También podría aparecer cuando no nos sentimos en nues-tro lugar.
- La **obesidad** podría constituir una especie de caparazón para hacer frente a ataques que se repiten (humillaciones). Es el deseo de protegernos de los demás o del deseo de los demás, la vergüenza por sentirnos débiles o la imposibilidad de encontrar nuestro lugar (en el seno de la familia cuando se es pequeño), la certeza de no valer nada, la impotencia a la hora de hacer evolucionar una situación o el miedo a la soledad. La **diabetes** se debería a una tristeza asociada con desvalorizaciones que no cesan (incluidas las propias) y una ausencia de reconocimiento por parte de la gente que nos quiere (a veces porque han fallecido). La **bulimia** sería una forma de castigarnos (incluso destruirnos) a raíz de un fra-caso o un sentimiento de soledad que nos pesa.

- La **otitis** tendría que ver con el deseo de dejar de escuchar discusiones que nos entristecen, o disputas, críticas o reproches que nos encolerizan.

- Todos los problemas de **piel (eccema, eritema, picores)** estarían relacionados con el sufrimiento por encontrarse solo; la impresión de ser víctima de una separación (ausencia de una persona durante la infancia, divorcio, pérdida de un ser querido, la llegada de un hermanito o hermanita); o el rechazo de una situación que nos exaspera, la hayamos provocado nosotros o no, o sentirse contrariados por no lograr ayudar a alguien.

- Las afecciones relacionadas con la **próstata** estarían vinculadas a pensamientos negativos o a la culpa que sentimos con respecto a las mujeres o una mujer en particular, o bien a la puesta en peligro de nuestra propia autoridad o nuestro valor como hombre.

- La **psoriasis** correspondería a una doble herida de abandono (por ejemplo, un divorcio seguido de la muerte de un allegado o una pérdida de movilidad seguida de un despido).

- Las afecciones graves del **pulmón** (bronquitis, neumonía) indicarían abatimiento, una gran tristeza relacionada con la culpa (miedo a molestar), el miedo a no poder superar un obstáculo o la dificultad de afrontar la vida de forma serena tras un acontecimiento que ha puesto en entredicho nuestro lugar dentro de la familia o la sociedad. Puede tratarse de un niño o niña que siente que molesta.

- El **resfriado** estaría relacionado con una situación (familiar, sentimental o profesional) que no entendemos y nos crea cierta confusión.

- Un problema de **rodilla** estaría ocasionado por el hecho de que estamos hartos de escuchar los consejos de nuestro entorno y que nos expliquen *lo que está bien para nosotros*, por la imposibilidad de *doblegarnos* ante los argumentos de los demás porque nos negamos a admitir que tienen razón o bien porque en el pasado hemos aceptado demasiado que nos dicten nuestro comportamiento.

- El **síndrome del túnel carpiano** en una de las muñecas significaría que nos gustaría rechazar la ejecución de órdenes que nos dan al ir estas en contra de nuestras necesidades. No logramos oponernos a las elecciones o las directrices de otra persona. ¿Tenemos realmente ganas de hacerlo?
- Los problemas de **tiroides** estarían relacionados con la dificultad para expresarnos con el sentimiento de no ser escuchado o el miedo a permitirse ser uno mismo frente a otra persona.
- Una **uña encarnada** designaría una culpa o el miedo a haber tomado una mala decisión con respecto al futuro.

- *A partir de ahora, si un resfriado, una pérdida de voz o una inflamación del codo te hace sufrir, no digas más: «Me he enfriado...», «He hablado demasiado...» o «He ganado mucho peso...». Ten el reflejo de hacerte las siguientes preguntas: «¿A quién he visto el día antes o hace unos días? ¿Qué es lo que he vivido? ¿Qué acontecimiento me ha contrariado? ¿Qué herida emocional está en juego?». Si la relación causa efecto no está clara, echa mano de la simbología de la enfermedad o abre los ojos ante lo que tu cuerpo tiene dificultades para formular. A veces las rupturas energéticas se expresan en forma de enfermedad, pero también se revelan en forma de situaciones de la vida. Del mismo modo, puede ocurrir que la enfermedad y la situación difícil lleguen simultáneamente.*

La evolución de nuestros síntomas traduce particularmente bien nuestro estado emocional. Por ejemplo, Lucas, un niño cuyos padres se han divorciado, vive principalmente en casa de su madre. Cuando visita a su padre, este lo denigra, ya que es el único modo que ha encontrado para hacer daño a su exmujer. El niño siempre vuelve a casa de su madre con gastroenteritis, manifestación evidente de un sentimiento de culpa y de cólera hacia sí mismo por no lograr reaccionar frente a su padre. Al hacerse mayor, Lucas se impone poco a poco frente a la autoridad de su progenitor. Este se muestra ciertamente menos duro, pero se pasa el tiempo humillándolo en broma. Ahora, cuando Lucas se va de casa de su padre, se resfría, señal de una gran confusión. En efecto, el joven no logra comprender la actitud de su padre.

He aquí otro ejemplo que muestra perfectamente la correspondencia entre nuestras emociones y nuestras enfermedades. Michel, de sesenta y cinco años, da clases de pintura y vive con su mujer en París mientras que sus hijas viven en el sur de Francia. Durante el invierno, su mujer contrae una **bronquitis** grave por primera vez en su vida. La larga separación de sus hijas le ha impactado. Las hijas insisten entonces en que se instalen cerca de ellas, *lejos de la contaminación*, como se suele decir. Pero Michel no concibe renunciar a sus alumnos. Y es entonces cuando le empieza a doler la **rodilla**. La simbología de este síntoma indica que Michel no tiene probablemente ganas de doblegarse a los argumentos de sus hijas. Va a consultar al médico y este le programa una operación en otoño. Después de unos cuantos viajes al sur, Michel se deja convencer. Ahora es la **cadera** lo que le duele; un dolor en esa zona indicaría miedo a comprometerse con una situación desconocida. Su médico lo ve en octubre para la operación de rodilla, como habían convenido, pero las nuevas radiografías muestran que el problema en efecto se ha desplazado. Considerar cada una de nuestras dolencias como una alarma de nuestra salud emocional puede evitarnos muchos disgustos.

 • *Siempre y cuando no hayamos comenzado un trabajo personal sobre nuestras emociones y nuestra relación con los demás, nuestro cuerpo expresará su malestar a través de enfermedades que irán evolucionando. Abrir los ojos a la relación que existe entre emociones y síntomas es el primer paso hacia la sanación.*

CAPÍTULO 6

Tú y tu poder de cambiarlo todo

¿Y si salieras a descubrir tu fuerza interior? Ya es hora de que te conectes a aquello que has olvidado: esa energía invisible capaz de estimular la inmunidad de tus células. Vas a volverte a apropiar de algo que hasta ahora habías confiado al cuerpo médico: la fuerza infinita que existe en ti.

LA SOLUCIÓN ESTÁ EN TI

Hasta ahora lo que hacías era «quitarte de encima» tus problemas de salud confiándoselos a un especialista. Cuando contraje mi doble **hernia** discal, no me salté la regla. Fui a ver a un médico, que me diagnosticó, gracias a una resonancia, mis problemas de columna vertebral. Me recetó un relajante muscular y un potente antiinflamatorio junto con otros medicamentos que paliaran los efectos secundarios de los dos primeros. El dolor de espalda se atenuó un poco. Lograba descansar por las noches, pero durante el día el calvario continuaba y era incapaz de conducir o trabajar ya que estar sentada era una tortura. Si hubiera dejado de tener dolor en ese momento, no habría ahondado en el problema y probablemente habría sufrido de nuevo una hernia al año siguiente.

Sin embargo, ¡ahora disponía de todas las claves para mejorar! Me tocaba reaccionar. Era plenamente consciente de que mi enfermedad era la manifestación de una emoción antigua que impedía circular la energía de mi cuerpo. Fui a un acupuntor para que desbloqueara mis nudos energéticos. Me puso las agujas en determinados puntos, y el dolor disminuyó. Quince días más tarde fui a ver a un experto en biomagnetismo. Consultarlo me alivió realmente. El dolor se volvió soportable, así que dejé de tomar los medicamentos tal y como me había recomendado el médico.

Ya que todavía seguía teniendo sensaciones desagradables (afortunadamente para mí en cierto modo), me dispuse a investigar sobre el origen emocional de este **dolor de espalda**, bien decidida a ponerle término. Consulté a un terapeuta que me ayudó a sacar a la luz la razón de este «ya basta».[*] A continuación fui a sesiones de EFT, una práctica psicocorporal que desprograma ciertas emociones estimulando los meridianos energéticos descritos por la medicina china al mismo tiempo que se pronuncian frases liberadoras relacionadas con nuestras heridas. Al término de la cuarta sesión, el dolor cesó. Al final, conseguí librarme de la doble hernia en dos meses, y sin operarme. Levantarme por la mañana y sentir que mi espalda reaccionaba sin dolor y sin bloqueo me procuró una alegría inmensa, pero no fue nada comparado con la maravilla de saber que por primera vez había *escuchado* realmente a mi cuerpo *expresarse*.

¿Qué podía aprender de esta experiencia? La solución estaba en la gestión de la energía presente en mi organismo y en las

---

[*] N. de la T.: En el original la autora utiliza la expresión *avoir plein le dos* como un juego de palabras, ya que en dicha expresión ('estar harto de algo') aparece el término *dos* ('espalda').

palabras pronunciadas durante las sesiones de EFT. Mi mente cartesiana necesitaba comprender qué era esta energía en concreto y por qué las frases relacionadas con mi herida habían sido tan eficaces como para eliminar los últimos coletazos de dolor.

Gracias a una entrevista con Philippe Bobola todo cobró sentido. Este doctor en Física, biólogo, investigador contra el cáncer, antropólogo y psicoanalista explica que nuestro cuerpo está constituido de miles de millones de moléculas. Y una molécula se compone de varios átomos. Y cada átomo está formado por 0,0001% de materia (el núcleo y los electrones) y 99,9999% de vacío. Pero según la física cuántica, ese vacío está en realidad lleno de **energía** e **información**.

¡Toda una revelación! Nuestro cuerpo está por tanto constituido de casi cien veces más de energía e información que de materia (si nos ceñimos a los dos decimales, pero si tomamos las cifras al pie de la letra, es en realidad un millón de veces más). En consecuencia, limitarse a curar solamente la parte visible y tangible de nuestro organismo (el 0,0001% de materia) y dejar de lado la energía y la información emocional (que constituyen el 99,9999%) es, matemáticamente, un error.

• *Una vez que la enfermedad se ha declarado, dirígete a la medicina para evitar que empeore. Después, para actuar a largo plazo, acompaña la posología que te han recetado con terapias o protocolos que utilicen rituales hablados (ricos en **información**) y que apelen a tu fuerza de convicción (pronunciados con **energía**). Porque, acuérdate, esta información y esta energía constituyen más del 99% de nuestro cuerpo, así que son por lo tanto muy eficaces.*

EL NEXO ENTRE CUERPO Y ENERGÍA

Esta relación entre cuerpo y energía me será confirmada de manera muy clara por el médico y acupuntor Robert Corvisier a raíz de una situación que todos hemos vivido alguna vez.[*] Ocurre que cuando nos vemos sometidos a un fuerte estrés, nos entra **diarrea**. ¿Por qué es prácticamente automático? Este especialista en medicina china explica que el estrés crea calor dentro del cuerpo. Frente a este repentino aumento de energía, el organismo hace lo que puede para restablecer el equilibrio en lo que a temperatura se refiere. De esta forma, elimina el excedente de calor por el tubo digestivo: sobreviene entonces la diarrea. Esta molestia, que obviamente deseamos detener, es de todas formas, en el caso de una situación estresante, la única manera de librarnos de un excedente de energía; se trata de un alivio espontáneo.

Si intentamos profundizar y hallar el motivo por el cual una situación nos ha causado estrés, el origen puede estar en una emoción relacionada con la tristeza (que afecta al pulmón), la cólera (que influye en el hígado), dificultades y preocupaciones varias (que perturban el estómago o el bazo) o miedos (que sensibilizan los riñones). En consecuencia, si el origen del mal varía según la historia de la persona, ¿es entonces normal parar la diarrea con un único medicamento válido para todos? Desde un punto de vista clínico, es en efecto indispensable para evitar el riesgo de deshidratación (sobre todo en el caso de los niños), pero ¿acaso el medicamento sería capaz de solucionar el problema de estrés y evitar que otra diarrea aparezca más tarde? Y si paramos este proceso de regulación, ¿cómo liberar entonces el exceso de energía?

---

[*] N. de la A.: Ver *Soigner avec l´acupuncture* [Curar con acupuntura], ediciones Dunod, 2017.

Volvamos a una experiencia personal para comprenderlo mejor. Hace más de veinte años, cuando una productora me contrató para adaptar conceptos de juegos extranjeros para la televisión, la responsable de entretenimiento era una víbora. Si las audiencias eran buenas, se lo debíamos a su genio, pero en el caso contrario, era por mi culpa. Así pues, se me *vaciaban las tripas* cinco o seis veces a la semana. En aquella época, fui al médico para solucionar este problema que se había convertido en bastante fastidioso (las crisis aparecían en plena discusión y hasta dudaba si tatuarme en el cuerpo el mapa de todos los servicios de TF1*). Sin embargo, el problema persistía a pesar de los medicamentos contra la diarrea. Más adelante, todo desapareció como por arte de magia el día en el que dejé ese puesto... Estrés y diarrea estaban directamente relacionados.

Hoy en día reaccionaría de manera diferente y seguiría los pasos que ya he mencionado. Atenta a la reacción de mi cuerpo, intentaría antes de nada encontrar la relación entre la diarrea y su origen. Definiría la herida en cuestión para después relativizar intentando transformar la situación complicada en experiencia. Cuando trabajaba en esa empresa, lo ideal hubiera sido comprender que mi jefa tenía la misma herida que yo y que nos estábamos ayudando *inconscientemente* y *a nuestro pesar* a superar los importantes desafíos de nuestra alma. De esa manera hubiera vivido sus críticas distanciándome de ellas, y no le habría hecho vivir a su vez, a causa de mi dimisión, una situación difícil. Al haber comprendido los procesos en marcha, mi cuerpo hubiera cesado de sufrir tanto estrés y eso me hubiera evitado hacer subir las acciones de los fabricantes de papel higiénico.

---

* N. de la T.: Cadena de televisión francesa pública.

• *Cuando un mal te asalte, ¡cambia de enfoque! Estamos constituidos esencialmente de algo impalpable e invisible: energía e información. Nuestro organismo tiene un poder que estamos lejos de sospechar. Concebir la vida desde este punto de vista significa permitir que nuestro cuerpo se sane a sí mismo.*

CAPÍTULO 7

La autosanación

Siguiendo con mis investigaciones, he constatado que a veces nos curamos como por arte de magia tras haber concertado cita con un terapeuta por la sencilla razón de que estamos convencidos de que él o ella nos va a curar. ¿Cuántos de nosotros hemos llegado al dentista u otro médico diciendo: «Me dolía tal sitio, pero ya no»? Otros tantos mejoran en cuanto salen de la consulta, incluso sin haber pasado por la farmacia: «Tenía tanto miedo de que fuera algo grave..., pero el médico me ha tranquilizado y es curioso, ya no me duele». En efecto, ¡no hay nada más reconfortante que un médico que nos encuentra en forma! Nos autorizamos entonces a mejorar. Ahí está la prueba de la extraordinaria fuerza de nuestra mente y su poder de autosanación. Y entonces surgen las preguntas. ¿Se habría convertido esta mente que se pasa el tiempo camuflándonos la verdad en nuestra aliada? ¿Por qué algunos se curan y otros no? ¿Y si todo esto no fuera cuestión más que de nuestro *estado mental*?

EL PODER DE LA MENTE

Rememorando tres experiencias personales, un día llegué a una hipótesis. Cuando tenía dieciséis años, me salió una **verruga** en la palma de la mano. Ya había tenido una enorme en la planta del pie siendo pequeña y todavía me acordaba de lo que me dolió el posoperatorio. Por ello, me negaba a someterme a una nueva intervención quirúrgica... Pero la verruga crecía semana tras semana hasta el punto de ponerse verdaderamente fea al cabo de un año.

De forma extraña, cada vez que miraba la protuberancia, la palabra *culpabilidad* me venía a la cabeza. Me pregunté entonces en qué momento había aparecido y me di cuenta de que fue justo cuando rompí con mi novio de manera poco elegante. Un tiempo más tarde, me quedé mirando fijamente a la bolita horrible y, dejándome llevar por mi intuición, le dije: «Escucha, verruga, sé que estás ahí porque dejé a mi novio de mala manera. Sí, me siento culpable de haber roto de forma tan brusca, pero me faltaba experiencia y ahora lo he entendido. Voy a cerrar la mano y dejaré de examinarte durante tres días. Cuando me fije de nuevo, habrás desaparecido». Me obligué entonces a no mirar la palma de mi mano durante tres días (habría podido decir dos o cuatro, eso carece de importancia). ¡Llegué incluso a olvidarla! Cuál no fue mi sorpresa cuando al cabo de setenta y dos horas descubrí que ya no había nada en el hueco de mi mano. Parece increíble —y admito que hay que vivirlo para creerlo—, pero nunca he olvidado mi sorpresa al descubrir que mi piel volvía a estar suave.

Dos años más tarde, conocí a un hombre que reunía todas las características que yo me había fijado *inconscientemente* para encontrarlo encantador. El problema era que nunca nos poníamos de acuerdo. Esto fue una suerte aunque entonces lo ignoraba. En efecto, tras cada discusión, contraía una **cistitis**. La recurrencia de los hechos, fuerte disputa seguida de **inflamación**, saltaba a la vista. Entonces constaté algo claramente: ya que el mero hecho de enfadarnos era suficiente para que sufriera la infección, esta no tenía nada que ver con los microbios, todo era psicosomático. Al ser las cistitis una reacción a nuestras trifulcas, podía elegir vivir nuestras diferencias de otra manera. Así que me hice una promesa en voz alta: «A partir de hoy, no tendré nunca más cistitis». A pesar de ser una enfermedad extendida en mi familia, ahora soy la única que ya no sufre a causa de ella.

La experiencia de la **premenopausia** también hizo evolucionar mi punto de vista. Mis amigas se quejan a menudo de bochornos, irritabilidad y aumento de peso. Yo presentaba por mi parte los mismos síntomas. Leyendo diversos libros sobre la simbología de las enfermedades, descubrí que se trataría de creencias que aceptamos como evidentes. Bastaba con decidir que esto no me afectaría. Pero mi mente y su cohorte de dudas me decían que no valía la pena porque estas molestias se manifestaban desde hacía ya varios meses. Después me acordé de los episodios de la cistitis y la verruga. Entonces le dije a mi cuerpo en voz alta e inteligible, con fuerza y convicción: «Eres lo suficientemente fuerte como para venirte arriba tras acontecimientos difíciles; eres por tanto lo suficientemente fuerte como para dejar de molestarme con todos estos bochornos, irritabilidad y aumento de peso». ¡Los síntomas desaparecieron en unos días y para siempre!

HABLARLE AL CUERPO

Como has visto, es cuestión de dirigirte a ti mismo y a tu cuerpo en voz alta. ¿Hablar a tu cuerpo te parece complicado? Tranquilízate porque ya lo haces sin darte cuenta. ¿Nunca te has dicho frases como : «Estoy harto de este dolor de espalda», «Ya no sé qué hacer con estas piernas que se niegan a andar», o tal vez: «Estoy harto de esta tripa», «Mi pelo me pone de los nervios», «Tengo una pinta horrible», «No me gusta mi cutis» o «Maldito dolor de codo»? Inconscientemente, le estás hablando a tu cuerpo.

En estos casos, nos viene raramente la idea de decir: «Gracias, espalda, he entendido cuál es el problema». Precisamente de esta forma hice que una persona con sobrepeso se diera cuenta del hecho de que no cesaba de criticar a su familia diciendo: «Me tienen harta».* De igual manera, le hice saber a un hombre que no paraba de hablar de sus cólicos y diarreas que siempre terminaba sus frases con un «… me revuelve las tripas».** «Estar hasta las narices», «Me produce urticaria» o «Hacer oídos sordos» son frases que transmiten mensajes a nuestro organismo. Tengamos pues cuidado de la manera en la que nos expresamos en presencia de nuestro cuerpo y elijamos a partir de ahora trabajar codo con codo con él.

¿Por qué el modo en el que nos dirigimos a nuestro organismo tiene un impacto en nuestra sanación? ¿De qué proceso se trata? Gracias a los científicos encontramos una explicación. Giacomo Rizzolatti, médico, biólogo, profesor de Fisiología y director del Departamento de Neurociencia de la Facultad de Medicina de la Universidad de Parma, demostró en los años noventa la presencia de neuronas espejo en nuestro cerebro. Estas neuronas permiten al bebé reproducir, por puro mimetismo, gestos nunca antes aprendidos. La otra faceta interesante de estas neuronas espejo y la que aquí nos atañe, es que estas células grises hacen creer a nuestro cerebro que una situación que *imaginamos como si fuera real* es… real.

---

* N. de la T.: Entiéndase aquí con el doble sentido de 'harta de comida'. En el original, la autora escribe la frase *ils me gonflent*, que se sirve del verbo *gonfler* ('hinchar') y cuyo significado en este contexto es 'estar harto de alguien'.
** N. de la T.: En el original, la autora escribe la expresión francesa *ça me fait chier*, literalmente 'me hace cagar'.

Por ejemplo, si bebo un vaso de agua, ciertas zonas de mi cerebro se activan. Si simulo que bebo un vaso de agua convenciéndome de que trago el líquido, la misma zona del cerebro se pone en marcha. Lo mismo ocurre con una persona que cree que estoy bebiendo. Su estudio, confirmado por otros investigadores en 2010, demuestra por tanto que estas neuronas espejo actúan según la percepción de la realidad. De esta forma, nuestro cerebro no diferencia una acción realmente vivida y otra simplemente imaginada... como si fuera real.

Para convencerte, haz el siguiente experimento: imagina que haces con los dedos una bolita de papel de aluminio. Métetela a continuación en la boca, entre las muelas... y aprieta fuerte los dientes. ¿Te das cuenta? Enseguida notas una molestia y escalofríos, como si la bolita se hubiera quedado realmente atrapada entre los dientes... Pero no has hecho más que imaginarlo. Más convincente todavía, puede que a lo mejor hasta hayas sentido la sensación desagradable simplemente leyendo estas líneas. Es ahí donde reside todo el poder de tus neuronas espejo.

 • *El hecho de imaginar una situación como si fuera real la convierte en auténtica para tu cerebro. El poder de la intención cobra entonces toda su importancia. Acuérdate de que tu cuerpo está compuesto por un 0,0001% de materia y un 99,9999% de energía e información.* **El poder de la intención** *es hacer de tal forma que cada parcela de energía que se encuentra en tus átomos reciba una información clara: «**He aquí la manera en la que voy a curarme**».*

Protocolo 3
Autosanarse

1. ¿Estás enfermo/a? Tienes una oportunidad increíble para comprender algo esencial: tu cuerpo te está transmitiendo un mensaje a través de los síntomas. Descubre lo que significa ese malestar.

2. Busca el acontecimiento emocional que ha provocado la enfermedad. Si no lo logras, hazte las preguntas de la página 55. Si sigues sin encontrar respuesta o bien buscas ir más allá, consulta la simbología de las enfermedades en el capítulo cinco.

3. Habla a tu cuerpo: pásale una **información**. Expresa alto y claro, con **energía**, tu voluntad de curarte y la manera de conseguirlo. **Dale las gracias** por el mensaje que te está transmitiendo, por ejemplo diciendo: «Gracias, cuerpo mío, he comprendido que tal problema emocional es el origen de esta enfermedad (o síntoma). Puedes eliminar los síntomas porque voy a hacer todo lo posible por limpiar esta emoción antigua». De esta forma te estarás dirigiendo al 99,9999% de lo que te constituye.

4. Para terminar, ten en consideración el mensaje que la enfermedad te transmite y cumple tu promesa. **Realiza los protocolos 5, 6, 7 y 8 que explico más adelante.** Has vivido una situación complicada en tu entorno familiar o profesional, en el amor o la amistad; no dudes en consultar a un terapeuta para que te acompañe en tu liberación.

Estos cuatro pasos funcionaron perfectamente para un amigo que, una mañana, se levantó con un espantoso dolor de muelas. A pesar de la toma de analgésicos, el dolor no solo no disminuía sino que hasta le provocaba náuseas. Según la simbología, el dolor de dientes puede significar que no nos sentimos a la altura de una misión que nos hemos fijado. En esa época, mi amigo preparaba una exposición de fotos y desde hacía quince días revisaba todos los viejos clichés descartados, por si se le hubiera pasado por alto algo que mereciera la pena. Yo le sugerí que quizás su cuerpo estuviera expresando lo que él no se atrevía a admitir: ¿acaso temía no tener bastante material para su exposición? Atónito, me confirmó que así era. Entonces lo invité a que tranquilizara a su cuerpo y le diera las gracias. Dubitativo en un primer momento, consintió finalmente escucharme, dispuesto a librarse del dolor. Pronunció en voz alta y con convicción: «Gracias, cuerpo mío, por haberme mostrado este sentimiento que me invadía, este miedo a no tener suficientes fotos bonitas para la exposición. Lo he comprendido, puedes eliminar el dolor. Ahora voy a seleccionar las instantáneas que sean de calidad y me quedaré tranquilo». Después de darle las gracias, prometió por tanto a su cuerpo cambiar de actitud. Treinta minutos más tarde, el dolor había desaparecido.

 • *Es importante mantener la promesa que le haces a tu organismo para tranquilizarlo. Tu cuerpo es tu más íntimo amigo. Si escuchas el mensaje que te envía y te das la oportunidad de hacer evolucionar tu actitud, sin dejar de lado los medicamentos, vas a curarte de forma duradera.*

LA LLAVE ES LA INTENCIÓN

Mientras el dolor esté presente, dirígete a tu organismo cada mañana al levantarte, después durante la jornada y una vez más antes de acostarte. En algunos casos, tu voluntad (la intención) será tan

LA LLAVE DE TU ENERGÍA

grande que la cura será inmediata. Es lo que sucedió con mis cistitis repetitivas. De forma intuitiva, le hablé a mi cuerpo con determinación: «Puesto que esto ocurre cada vez que discutimos, los microbios no tienen nada que ver, no tendré cistitis nunca más».

Otras veces se necesita más tiempo. Es posible que el resultado dependa de la carga emocional relacionada con la patología.

Protocolo 4

Reforzar la intención

Puedes reforzar la intención fácilmente y así disminuir tu dolor. Este protocolo está basado en una práctica chamánica:

1. Respira hondo por la nariz e imagina que la espiración sale por el lugar donde sientes dolor, como si el aire pasara por la parte dolorida y la limpiara.

2. Haz este mismo ejercicio al menos diez veces seguidas concentrándote en la visualización y la respiración, y no dudes en volver a hacerlo hasta que el dolor desaparezca. ¡Ya verás como funciona!

3. También puedes utilizar otra técnica chamánica: piensa en un animal que te guste. Un león, un elefante, un tigre, un águila, un lobo, una ardilla... Imagina que este animal es del tamaño de un átomo. Tómalo con tu mano y métetelo en la boca. Llévalo mentalmente hasta el lugar donde sientes dolor y después imagina lo que podría hacer para ayudarte: lamer el lugar para quitar la **inflamación**, aliviar los músculos lesionados, coser las **desgarraduras**, calentar tu garganta... Él es tu aliado y se queda en tu interior el tiempo que sea necesario. Recuerda darle las gracias.

Por ejemplo, si tienes un ataque de ciática justo antes de un largo trayecto en coche, habla a tu cuerpo (con una frase del tipo: «Sé que hago demasiado hasta el punto de olvidarme de mí mismo») y después dedica un tiempo a respirar espirando el aire por donde sientes dolor. Atención, ¡este ejercicio no es tan fácil como parece! Concentrarse durante más de quince minutos en la respiración es un verdadero desafío ya que hay que impedir que lo cotidiano nos invada.

De la misma manera, si un dolor de cabeza o de estómago no se te va al final del día, busca primero el mensaje que te transmite tu cuerpo y después haz el ejercicio de respiración que acabo de describir, y repítelo en el momento de irte a la cama. El dolor desaparecerá.

Gracias al poder de la intención, reconectarás tus órganos y tejidos con su mecanismo de crecimiento. Ese mismo mecanismo presente en cada uno de nosotros en estado embrionario y del que cada célula guarda memoria. Al hacer circular de nuevo esa energía vital, nuestros tejidos se reestructuran: la sanación puede llevarse a cabo.

 • *La sanación depende de nuestra intención. ¿Nuestra voluntad de curarnos es sincera o es secundaria en relación con otras preocupaciones? ¿Estamos dejando para más tarde el ocuparnos de un problema de salud? ¿Nuestro trabajo es más importante? ¿Nos ocupamos de la familia y de los niños antes que de nosotros? ¿Tenemos algún interés en estar enfermos? ¿Estamos dispuestos a trabajar nuestras emociones o elegimos la «facilidad» confiando a un terapeuta o a medicamentos la misión de curarnos? Hazte honestamente estas preguntas.*

CAPÍTULO 8

Tranquilizar la mente

Nos hemos acostumbrado a confiar a un terapeuta la importante misión de curarnos, y eso desde nuestra infancia. En consecuencia, es muy probable que nuestra mente nos susurre que *hablar a nuestro cuerpo* no es ninguna solución. ¿Cómo hacer para eliminar esta certeza y lograr que nuestra intención sea poderosa? Tenemos que enviar un mensaje contundente a nuestra mente cartesiana para evitar que *el miedo a no lograrlo* nos paralice. He reflexionado mucho sobre esta cuestión. Con el fin de atenuar los síntomas, me parece indispensable antes de nada hacer lo habitual, algo que consideramos como normal: por ejemplo, tomar un medicamento o consultar a un médico, un acupuntor, un homeópata... Solo después de haber hecho esto, comienza la verdadera toma de conciencia de nuestro estado emocional en la que hablamos a nuestro cuerpo.

ELIMINAR VIEJAS COSTUMBRES

Un medicamento puede ser útil a la hora de combatir las preocupaciones mentales, pero este proceso funciona igual de bien con un placebo, esto es, una sustancia sin acción terapéutica. He aquí un ejemplo concreto. Un buen día me salió un **eccema** bajo el brazo, a la altura de la axila. Exceptuando esta pequeña molestia, yo me encontraba en forma y no entendía el sentido de esta irritación, incluso tras haberme formulado todas las preguntas que hemos visto en capítulos anteriores. Según la simbología de las enfermedades, el eccema puede representar el dolor de una separación: he aquí una información que evocaba recuerdos difíciles... Continué con mi pequeña investigación y busqué lo que se decía sobre las **axilas**. Y resultó que la localización de este eccema sin duda no era trivial; me remitía a la culpa por no haber ayudado lo suficiente a una persona.

En ese momento me eché a llorar: entendí que había encontrado la causa de mi afección. El dolor no era muy fuerte, el eccema no me picaba demasiado, era soportable. Di las gracias en voz alta a mi cuerpo por haber llamado mi atención sobre emociones pasadas que eran dolorosas: el sentimiento de abandono vivido y la culpa por no haber entendido que una persona esperaba mi ayuda. Mejor aún, me di cuenta acto seguido de que en aquella época yo no sabía que la persona en cuestión había sido manipulada. Entonces dije en voz alta que había hecho lo que había podido y que sentía que mi propio sufrimiento me hubiera cegado. Después pedí perdón a la persona con mi pensamiento.

Consciente de que mi mente podía frenar la sanación (en aquella época tenía en efecto miedo de confiarme exclusivamente al poder de mi intención), completé el protocolo tomando una sustancia neutra. Puse talco en la zona afectada, convencida de que el eccema desaparecería. Lo repetí todos los días mañana y noche hasta la completa desaparición de la irritación... ¡Y todavía hoy me acuerdo de la sensación increíble al ver el eccema reabsorberse poco a poco y descubrir doce días más tarde que había desaparecido totalmente!

Para terminar, no me salté el pedir perdón en voz alta a la persona, un momento bastante intenso que permitió la sanación completa y definitiva.

 • *Al actuar sobre el síntoma, estás tranquilizando a tu mente. Al identificar la emoción, actúas sobre la causa. De esta forma pones solución a todos los niveles y evitas el aspecto crónico de la enfermedad.*
  • *Si se trata de un problema de salud benigno, sin dolor importante o sin riesgo de proliferación bacteriana, microbiana o viral, desconecta tu mente con una sustancia que pueda actuar como un placebo a condición de considerarla (gracias a tus neuronas espejo) como una sustancia realmente capaz de ayudarte a sanar.*

El eccema desapareció fácilmente porque lo traté desde su aparición. En el caso de un problema de salud presente desde hace años, el proceso puede ser más largo y dependerá de la intención de cada uno. Sobre todo, ¡no te desanimes!

EL TIEMPO DE CURA

Si reaccionamos rápido tras la aparición de los síntomas, si buscamos enseguida el sentido, aumentamos las probabilidades de hacer desaparecer la enfermedad rápidamente. Cuando dejamos estos pasos para más adelante, podemos desaprovechar los beneficios derivados de relacionar la patología con la emoción dolorosa a la que está ligada, y alargamos el tiempo de cura, como lo demuestra el siguiente ejemplo.

Desde hacía un año, un amigo mío tenía una **uña encarnada** en el dedo gordo del pie derecho que le dolía horrorosamente. A pesar de la toma de antibióticos, la situación no avanzaba y se tuvo que operar. El día antes de la intervención, le pregunté si quería conocer el mensaje que su cuerpo le estaba enviando. Aceptó intrigado. Le dije que se trataba de la culpa por haber tomado una mala decisión. Me dio la razón y me precisó que tenía que ver con su familia. Después de la operación, con el problema ya arreglado, se olvidó de trabajar su herida emocional. Dos meses más tarde, una nueva uña encarnada le salió en el pie izquierdo. Yo le aconsejé que se tomara los antibióticos para eliminar su miedo por si no funcionaba, y después mi amigo le habló a su cuerpo diciendo que había comprendido el mensaje oculto (el miedo transformado en culpa por haber tomado una mala decisión), que ya no podía volver atrás, así eran las cosas, que lo había hecho lo mejor posible y que contaba con su cuerpo para curarse sin tener que operarse. La uña encarnada desapareció en tan solo unos días.

Cuando una enfermedad grave se instala, eso significa que hemos tenido muchas señales que nos hemos negado a ver. Pero no hay de qué preocuparse, todavía se puede reaccionar. Sin embargo, es importante respetar el tiempo de cura antes de convencerse de que nada funciona. Nuestras células tienen que repararse primero. No olvidemos que se han necesitado días, semanas o incluso años para que la enfermedad se instale en nuestro cuerpo desde el problema emocional inicial. ¿Por qué mi eccema apareció en ese preciso momento? ¿Por qué no lo tuve mientras me sentía culpable por no haber ayudado a aquella persona? Mi hipótesis es que en aquella época yo no hubiera sido capaz de comprender el mensaje. Mi cuerpo eligió por tanto hacerme vivir el eccema en el momento en el que fui capaz de entenderlo todo.

Las cuatro llaves para sanar

1. Has entendido el mensaje de tu enfermedad, le has hablado a tu cuerpo, le has agradecido por haberte llamado la atención sobre un problema antiguo que se reactiva en el presente. Has identificado la emoción dolorosa originaria y le has pedido a tu organismo que haga desaparecer el dolor y los síntomas. Explícale en voz alta tus acciones concretas («Voy a consultar a tal terapeuta, voy a seguir tal protocolo»), y después visualiza cómo limpias la zona dolorosa expirando a través de ella.

2. Paralelamente, visita a un terapeuta o toma medicamentos con el fin de desconectar tu mente y tranquilizarte. Haz lo que se considera *habitual* para poner toda la suerte de tu parte. Sin dolor importante ni riesgo de proliferación bacteriana o similar, utiliza una sustancia placebo (sustancia sin efectos terapéuticos) como puede ser el talco, el agua o un simple esparadrapo con la convicción de que te va a ayudar.

3. Reflexiona sobre la emoción que tu cuerpo ha puesto en evidencia y la manera de poner remedio para cumplir tu promesa. Esto puede estar relacionado con tu modo de vida o tu relación con los demás. Para profundizar en este asunto, puedes comenzar una terapia (EFT, EMDR, hipnosis, psicoterapia...) que te ayudará a acotar tu herida emocional.

4. Repite estos pasos a diario y date tiempo para que tu cuerpo sane.

Teniendo en cuenta todo esto, ¿qué podemos hacer en un futuro si un conocido nos provoca con su actitud una nueva emoción desagradable? Palpitaciones, cólera, odio, miedo, vergüenza... Es probable que esto tenga un impacto en nuestro cuerpo. ¿Podemos evitar que este nudo se instale en nuestro organismo? Por supuesto. Adelántate y, una vez más, pronuncia en voz alta: «Gracias, cuerpo mío, por llamar mi atención con estas manifestaciones que reactivan un problema emocional antiguo. Tomo conciencia de que tengo un problema con esta persona o esta situación... y que debo comprender el significado de una herida importante. Te agradezco que me des tiempo para encontrar el origen con el fin de eliminarlo y que no me hagas vivir una nueva enfermedad». Para conseguirlo, es primordial mantener esta promesa.

Ahora estás listo para reparar en profundidad los errores de tu vida que se han impregnado en ti y no perder más energía. Mejor todavía, ¡la vas a aumentar!

SEGUNDA PARTE

¡Maneja tus poderes!

CAPÍTULO 9

Tu reseteo energético

E n ciertas épocas de la vida nos encontramos tan blandos como una nube de golosina. Nos faltan las fuerzas. Nuestras piernas nos fallan. Estamos perdidos frente a la adversidad, incapaces de tomar la decisión correcta o simplemente actuar. Antes creía que todo esto no era más que una cuestión de voluntad. El fallecimiento de una de mis mejores amigas me abrió los ojos. Me hicieron falta dos años de investigaciones para comprender cómo ciertos acontecimientos —un accidente, un duelo, un trauma, la falta de atención de un progenitor, frases violentas escuchadas cuando somos pequeños— nos debilitan hasta el punto de sentir en el presente fatiga crónica o tener el sentimiento de que no controlamos nuestra vida. ¿Cuáles son esos mecanismos?

RECOBRA TU ENERGÍA

Había que empezar por comprender la explicación de esta *dificultad para actuar*. Para ello, busqué respuestas en manuales de psiquiatría y psicología, pero también de la mano de profesionales que trabajan con la energía. Fue así como me di cuenta de que tanto la medicina tradicional como la alternativa tenían el mismo discurso pero utilizando términos diferentes. Fue asombroso encontrar tantas similitudes. Por ejemplo, comprendí que cuando estamos gravemente heridos, nuestro cuerpo nos protege de forma natural produciendo endorfinas, hormonas que reducen nuestro sufrimiento evitando así que el corazón se pare a causa de tanto dolor. En el transcurso de un acontecimiento traumático (grave discusión, amenaza, ausencia de un progenitor, duelo, accidente, miedo, acoso, violación...), nuestro cuerpo reacciona de la misma manera: protegiéndonos. ¿Cómo? Cuando el sufrimiento se convierte en insoportable para nuestra mente, una parte de ella se va para evitarnos caer en la locura. En términos clínicos, es lo que se conoce como sideración psíquica (somos incapaces de reaccionar) y disociación (tenemos la impresión de no estar en nuestro cuerpo, observamos la situación como si fuéramos extraños a nosotros mismos). Estos dos procesos psíquicos explican sobre todo las frecuentes pérdidas de memoria durante la infancia o los fenómenos de negación en personas que han vivido situaciones difíciles. Para abarcar los dos, los psiquiatras hablan de «fuga disociativa», mientras que los profesionales que trabajan con la energía evocan una «pérdida del alma». Dos expresiones diferentes pero con una misma simbología. *Alma* es un término fundamental. Salgamos de preceptos religiosos y consideremos el alma como el soporte de nuestra manera de pensar, de nuestra confianza en nosotros mismos, y sobre todo, como el punto de convergencia de nuestras energías. Sin embargo, el evento devastador que acabamos de vivir nos ha privado súbitamente de todo ello. Hemos perdido la confianza en la vida, nos sentimos *vacíos por dentro* y una parte de nuestra energía se ha evaporado como resultado del *shock*.

Al estar nuestro cuerpo constituido de noventa y nueve veces más de energía e información que de materia, es fácil concebir que una parte de lo que nos compone se vea afectada por estos traumas. Se ha creado en nosotros una falla por la que se escapa nuestra energía vital. Desde ese momento, nuestro cuerpo intenta reaccionar para reconectarse a esa parte que le falta. Ahora comprenderás por qué tienes a veces la sensación de agotarte y no avanzar en la vida como te gustaría. La buena noticia es que existen soluciones para cerrar nuestra herida y recuperar la energía perdida.

¿Qué has sentido al leer estas líneas? ¿Te has abrumado? ¿Se te han saltado las lágrimas? ¿Acabas de tomar conciencia de que estás pérdido frente a una determinada situación? Si es así, entonces es probable que una parte de tu alma se haya alejado un día con el fin de protegerte de un sufrimiento emocional importante y que todo tu ser esté intentando volver a ser uno. Los protocolos que siguen a continuación van más allá de una reconstrucción. Nos permiten a cada uno de nosotros controlar de nuevo el conjunto de energías que nos constituyen.

LA RECONSTRUCCIÓN DEL ALMA

Loan Miège, diplomada en Biología Animal, médium y sanadora, ha concebido un protocolo eficaz para recuperar nuestra energía según el proceso de *reconstrucción del alma*, y le doy encarecidamente las gracias por ello.[*] Me he inspirado pues en su protocolo y lo he completado para que pueda adaptarse a todos los casos.

---

[*] N. de la A.: Ver su obra *A la rencontre des esprits de la nature*, Editions Exergue, 2014. (Publicada en castellano por Ediciones Tredaniel con el título *El oráculo de los espíritus de la naturaleza*).

Nuestras energías convergen de forma natural en el centro del pecho, a la altura del plexo. Pero después del *shock*, una parte se ha salido del cuerpo y permanece por encima de nuestra cabeza, en el lado izquierdo. Es esta energía que se ha desalojado la que vamos a integrar de nuevo en nosotros.

Memoriza bien los pasos descritos. Para aquellos a los que les cueste memorizar, leed las frases y grabaos con vuestro teléfono poniendo atención en marcar una pausa después de cada paso para dejaros tiempo de repetirlas en voz alta.

Todos hemos vivido adversidades, por lo que te recomiendo que hagas la reconstrucción del alma que explico a continuación. Algunos protocolos no funcionan hasta que este no se hace.

Protocolo 5
Reconstrucción del alma tras un *shock*

1. Crea un espacio sagrado: enciende una vela o quema incienso en un lugar tranquilo. Siéntate en el suelo o en una silla y toma después conciencia de que vas a vivir un momento importante. Recuérdalo: todo depende de la intención.

2. Con los ojos abiertos o cerrados, imagina encima de ti una luz blanca de gran pureza que te envuelve.

3. Invita a venir a dos entidades «superiores». Si eres creyente, puedes llamar a Dios, Jesús, María, Yahveh, Alá o Buda... Si eres ateo, invita al universo, tu guía, tu ángel de la guarda, los seres de luz... Su poder ha de ser inmenso, elige por tanto dos nombres de esta lista. Estos dos «seres de luz» (llamémoslos así para simplificar) se colocan junto a ti, cada uno a un lado. Son

---

tus dos grandes testigos, los que van a asegurar el buen desarrollo del protocolo. Relájate. Relaja la espalda, la nuca y los hombros, y respira profundamente.

4. Di en voz alta: «Pido por favor a los seres de luz (o a los que hayas elegido) que purifiquen todas las partes de mi alma, ahora, ya estén estas dentro o fuera de mí».

5. Inspira profundamente y di en voz alta y con toda la intención posible: «Alma mía, si un día sufriste y preferiste tomar distancia, que sepas que hoy soy consciente de tu presencia y que soy capaz de acogerte de nuevo y preservarte dentro de mí». Levanta los brazos por encima de tu cabeza e intenta entrar en contacto con las energías que te faltan (puede que sientas calor, picores o cierta resistencia). Si no sientes nada, di lo siguiente: pido por favor a mis seres de luz (los que has elegido) que pongan entre mis manos todas las partes de mi alma que me faltan.

6. Cuando pronuncies estas palabras, haz bajar las partes de tu alma por la coronilla y el cuello hasta llegar al centro de tu pecho y di: «Invito a todas las partes de mi alma que me faltan a instalarse plena y sólidamente en el centro de mi pecho. Alma mía, vuelve a tu lugar en confianza y con amor». Da las gracias a tus seres de luz y después descansa y cuídate.

Como hemos visto, no es necesario acordarse del trauma puesto que evocamos «el día que sufrimos».

El psicoterapeuta Jacques Roques me indicó que en psicoterapia se utiliza una variante de este protocolo a la que se llama «barra luminosa/flujo luminoso».[*] En ella, se evoca una energía

---

[*] N. de la A.: Ver su obra *EMDR : une revolution therapeutique*, Desclee de Brouwer, 2016 [2e edition]. (Publicada en castellano por Editorial Kairós con el título *Curar con el EMDR*).

benefactora infinita de color cálido proveniente del cosmos que entra por la parte superior de la cabeza y se extiende por el cuerpo recorriéndolo internamente de arriba abajo hasta salir por las extremidades y ser absorbida por la tierra.

Esto me hizo recordar a François-Olivier Stephan, médico, osteópata y homeópata, a quien conocí en un coloquio. En aquella ocasión, me dijo que había leído mi libro *Les blessures du silence* [Las heridas del silencio], una novela en la cual explico esta técnica. «Cuando llegué a la parte del protocolo, supe que me faltaba una parte de mi energía, era indiscutible —me dijo, para después continuar—: Me aprendí el ritual de memoria y empecé a hacerlo pero paré, fue muy extraño. Me fui a la cama diciéndome que quizás algún día... Era la una de la mañana y no lograba conciliar el sueño. Hice el ritual completo y a conciencia. Pude sentir cómo una energía integraba físicamente mi cuerpo, a la manera de una especie de alegría recobrada. Esta reconstrucción del alma me enseñó sobre todo que, en efecto, había algo que me faltaba y que esa carencia era la causa de mi fatiga crónica. Ahora la fatiga ha desaparecido».

Otro testimonio igual de intenso es el de Anne: «Gracias a tus talleres, puse en práctica la reconstrucción del alma... Y desde hace cuatro días ya no me duele el estómago. ¡Estoy contentísima! ¡Diez años llevaba con dolores, y estoy curada! Tengo la sensación de haber dejado atrás un pasado lleno de sufrimientos». *Para tener buena salud, hay que estar en armonía con el alma*, escribió el doctor Edward Bach.

Esta pérdida de energía que se expresa en forma de agotamiento o enfermedad puede también manifestarse como una influencia psicológica. A pesar de nuestra buena voluntad, nos ocurre que somos objeto de acoso, que somos incapaces de escapar de él, y nos quedamos paralizados ante una madre abusiva, un padre violento o la perversión de un familiar. Este estado al que quizás estamos tentados de llamar *depresión*, en el sentido de que un vacío se crea en nosotros, no tiene nada que ver con la falta de temperamento o un error en nuestra manera de actuar sino con lo que hemos vivido y con quien nos hemos ido encontrando por el camino. Si nuestro entorno ve únicamente una señal de flaqueza —y nos repite porfiadamente «basta con decir hasta aquí, no es tan complicado»—, una mala costumbre o incluso una exageración de los hechos, se equivoca, afortunadamente, porque siempre podemos reaccionar y salir de ello, con la ayuda de *otro protocolo*. Veamos juntos cómo.

En aquellas personas que han sufrido acoso, manipulación o perversión, la parte del alma que se ha ido tras el maltrato no se queda en el exterior del cuerpo por encima de la cabeza, sino que se la ha llevado el manipulador. ¡Es un robo! Los profesionales de la energía precisan que *nuestro verdugo* se nutre de nuestra fragilidad y energía perdida. Los psiquiatras evocan una *vampirización inconsciente*. Es lo que crea «la influencia». Y esto puede venir de un progenitor, una pareja, un amigo o un compañero de trabajo. Si esta violencia (moral o física) se produce de manera reiterada, significa que existe una voluntad de hacer daño. Se trata de perversión.

Esta captura de energía explica la actitud de las víctimas: una especie de impotencia a la hora de reaccionar... que ellas mismas no entienden. ¿Por qué no podemos escapar a pesar de toda la violencia que soportamos? Porque el otro posee una parte de nuestra energía. ¿Por qué volvemos a una pareja que sabemos nefasta? Una vez más, porque el otro tiene una parte de nuestra energía. No es del verdugo del que no logramos deshacernos, sino de una parte de nosotros mismos. No podemos abandonarnos. Son muchos los que me han dicho no entender por qué piensan todavía en el otro hasta quince años después de haberlo perdido de vista.

No se trata de amor. Están ligados al otro porque este posee aún, a pesar de la distancia, una parte de ellos. Esta pérdida de alma les ocurre igualmente a aquellos que han sido maltratados por uno de sus padres. No pueden alejarse de la parte de su alma que ha sido confiscada por su padre o su madre. Afortunadamente, podemos recuperar esta energía perdida y así librarnos de la dominación malsana.

Una creencia muy extendida consiste en pensar que una simple toma de conciencia, acompañada de técnicas para recuperar la autoestima, es suficiente para salir de la influencia o el acoso. En la mayoría de los casos es falso debido al *lavado de cerebro* que nos han hecho. Es lo que llamamos mensaje paradójico: el otro nos ha desestabilizado profundamente camuflando los reproches con cumplidos («Bonito vestido, qué pena que no tengas casi pecho»), jugando con dos barajas todo el tiempo («Muévete un poco, mira que eres floja», para después soltar un: «Anda descansa, ¡deberías ver tu cara!»). Para los cientos de víctimas que he conocido, el proceso de maltrato psicológico empieza a romperse en cuanto comprenden que el otro les ha robado una parte de su energía.

Después de haber escrito *Les blessures du silence*, me llamaron para impartir muchas conferencias. Durante una de ellas, un hombre tomó la palabra para decir que no comprendía por qué acosaban en la escuela a su hijo de nueve años. Alguien le había dicho que este tipo de situación significaba que otra persona del entorno del niño lo manipulaba. Él no veía quién podría ser. Entonces le pregunté si su hijo había vivido un trauma durante el cual hubiera podido perder una parte de su alma. El padre mencionó entonces un accidente muy grave que él y su mujer habían sufrido. Su hijo, que tenía seis años en aquella época, había llegado a creer que ambos estaban muertos. Más convencido, añadió que su hijo había empezado a sufrir acoso justo después del accidente...

Patricia Serin, psicóloga y psicoterapeuta, propone una metáfora al respecto. Considerémonos como un árbol e imaginemos que un drama produce una herida en nuestra corteza. El agujero que se forma en nuestro tronco es localizado por manipuladores y acosadores, es un hueco por el que van a entrar para manejarnos. No están enamorados de nosotros, se sienten atraídos por la herida que deja escapar nuestro impulso vital, lo que explica por qué, tras haber conocido la manipulación, volvemos a caer a veces en el mismo tipo de perversión. Dejemos de culpabilizarnos, no somos ni estúpidos ni masoquistas: el fenómeno se explica de manera energética. Las víctimas son a menudo bellas personas, inteligentes y sociables. Al debilitarnos, los manipuladores se nutren de nuestra pérdida de energía, alimentan su propio vacío, porque ellos han sido también víctimas de un trauma o de otra persona.

- *Si sufrimos acoso actualmente o en el pasado, eso significa con certeza que hemos perdido una parte de nuestra energía a causa de un suceso dramático o de una manipulación perversa, y que tenemos una debilidad que los manipuladores pueden detectar. En ese caso, es imperativo aplicar primero el protocolo cinco seguido del seis con las personas implicadas. Estos protocolos conciernen **exclusivamente** a los adultos, ya que estos tienen la capacidad de decidir conscientemente si es el momento adecuado. En el caso de los niños, privilegiaremos un trabajo sobre las emociones con un psicoterapeuta. Si este está formado en EFT o EMDR, tanto mejor.*

Ten en cuenta que el protocolo seis puede hacerse con personas vivas o ya fallecidas. Si dudas en hacerlo solo, puedes pedir a alguien de confianza que pronuncie las diferentes frases con el fin de repetirlas tras él en voz alta. También puedes solicitar la ayuda de un terapeuta *abierto a estos métodos*: «Me gustaría hacer este protocolo, ¿me puede ayudar a ponerlo en práctica?». Numerosos médicos, psicoterapeutas e hipnoterapeutas me han hablado de su eficacia en la utilización con pacientes.

¿Cómo funciona este protocolo? El principio consiste en proceder a una especie de «intercambio» para que se nos restituya nuestra parte de alma. En otras palabras, el objetivo es que el otro nos devuelva lo que nos ha robado, para después ayudarlo a recuperar lo que otra persona le robó a él. Gracias a este intercambio, saldremos de las luchas de poder que nos asolan. Para aquellos que están llenos de resentimiento, tened siempre en mente que no hacéis esto para *ayudar a vuestro verdugo*, lo hacéis porque es la única forma de que os *devuelva lo que os pertenece*.

Protocolo 6
Reconstrucción del alma tras una manipulación o un acoso

Este protocolo se hace solo (no establecemos contacto con el otro) y con una sola persona cada vez.

1. Siéntate en una silla y pon otra silla justo enfrente de ti. Toma conciencia de que vas a vivir un momento importante. El proceso funciona gracias a la intención.
2. El principio es idéntico al del protocolo cinco. Crea un espacio sagrado, relájate, imagina una luz blanca e invita a venir a dos testigos importantes, dos entidades superiores que te asistirán.

3. Di en voz alta: «Invito a los seres de luz [o pronuncia los nombres de las entidades superiores que has elegido] a asistirme en esta reconstrucción de alma con .... [di el nombre de la persona que se llevó una parte de tu alma] bajo la forma de un intercambio».

4. Imponte y di: «Pido por favor a mis seres de luz que ordenen a .... que se siente frente a mí».

5. Una vez visualizada la persona, dile todo lo que sientes desde lo más profundo de tu corazón. Puede ocurrir que nunca se nos haya dado la oportunidad de hacerlo. Vas a ver que esto te aliviará.

6. A continuación, respira profundamente y di en voz alta y con intención firme: «Pido por favor a los seres de luz que ordenen a .... que me devuelva la parte de mi alma que me robó, en esta vida y en todas las demás».

7. Imagina que una gran esfera de energía se coloca entre las dos sillas. Pon los brazos en cruz y ve juntándolos poco a poco, lentamente, delante de ti hasta que entres en contacto con una esfera de energía que aparece entre la persona y tú. Intenta percibir si surge alguna sensación diferente (frío, calor, vibración, aire...). Ahora las manos se abren como si sostuvieran un gran balón (el tamaño difiere de una persona a otra, según la parte del alma que se recupere).

8. Mantén las manos abiertas con la misma amplitud (como si tuvieras la esfera de energía frente a ti) y, sientas algo o no, di: «Pido por favor a los *seres de luz* que depositen entre mis manos todas las partes de mi alma que .... me robó y que las limpien por completo». Imagina la esfera irradia una luz blanca deslumbrante (incluso aun sin poder visualizar nada, el trabajo se hace igualmente). Si es necesario, añade: «si he robado partes del alma a otra persona sin tener conciencia de ello (un niño

o cualquier otra persona, pronuncia su nombre), se las devuelvo al mismo tiempo que recupero las que me robaron a mí».

9. Junta las dos manos lentamente hacia el centro del pecho, como si abrazaras un gran balón para hacerlo entrar por el hueco del plexo. Tómate tu tiempo para apreciar este momento y di: «Acojo las partes de mi alma con el fin de preservarlas solo para mí».

10. Di a continuación: «Pido por favor a los *seres de luz* que devuelvan a .... las partes de su alma que le fueron robadas por otras personas». Para evitar que la energía que vuelve se vaya, añade: «delante de mis testigos (los seres de luz elegidos), ordeno que los **lazos de sufrimiento** entre .... y yo sean cortados en esta vida y en todas las demás y que se transformen en lazos de paz». (Tranquilo, únicamente se cortan los lazos de sufrimiento, la relación permanece, pero se apacigua).

11. Para terminar, da las gracias a *los seres de luz* por la realización de este protocolo. Acoge tu alma descansando y mimándote. Puedes hacer varios protocolos con diferentes personas el mismo día, pero espera **al menos** quince días (para que se impregne en ti) antes de volver a hacerlo.

Ten en cuenta que este protocolo se lleva a cabo sin la presencia *física* del otro. También funciona muy bien con personas ya fallecidas. Gracias a las neuronas espejo, de las cuales ya hemos hablado, el solo hecho de imaginar al otro sentado frente a nosotros lo hace real para tu cerebro. Si no conoces el nombre de tu «agresor» ni su apariencia (por ejemplo porque los hechos tuvieron lugar cuando eras pequeño dudas entre dos personas), adapta el protocolo de la manera siguiente: durante los pasos 4, 6, 8 y 10, di «el que me hizo .... [precisa el qué]».

No dudes en poner en práctica este método con todos aquellos que se han llevado algo de ti, empezando por la primera persona de tu entorno que te hizo daño (un padre, una madre, un hermano) y continuando con las relaciones sentimentales, profesionales o de amistad que te han *vampirizado*. Si tienes una duda con respecto a una relación, es importante que identifiques lo que sientes. Si te sientes *perdido* frente a sus actos o su silencio, eso significa que has *perdido* una parte de tu alma por su culpa, así que haz el protocolo. Es normal que las sensaciones entre cada *recuperación de energía* sean diferentes. Cuando llevas la *esfera de energía* hacia ti, las sensaciones también pueden variar. Para terminar, puedes nombrar a las personas implicadas una tras otra, o hacerlo con una sola a la vez, tú decides.

Si te encuentras cansado o tal vez sientes un leve dolor en alguna parte de tu cuerpo, durante la noche o al levantarte, no te preocupes. Esta liberación ha modificado tu energía global y el organismo debe reequilibrarse sin las *muletas* que se creó tras años de carencia. Sal a pasear, a caminar por la naturaleza, date un baño, acuéstate pronto, observa todo lo bello, ríe y da gracias a la vida.

Estas sensaciones difusas son pasajeras. Todo volverá a su ser, tenlo por seguro. Si duermes mal esa noche, eso significa que el protocolo ha reactivado recuerdos dolorosos que es importante eliminar. Te recomiendo encarecidamente continuar con el enfoque de reconstrucción siguiendo terapias cortas del tipo EFT, EMDR, hipnosis... gracias a cuyas sesiones la carga emocional dolorosa se eliminará.

¡Vas a ver como funciona! Este protocolo reposa en el poder de la intención. Acuérdate, la intención es una información clara que emitimos con toda nuestra energía para que el noventa y nueve por ciento de nuestro cuerpo esté implicado.

• *Es imperativo repetir este protocolo varias veces con cada una de las personas que te han vampirizado ya que la primera vez, buscas las palabras, lees, dudas o quizás no te expresas con la suficiente fuerza. Sin embargo, la segunda vez, un tiempo más tarde, ya estarás familiarizado con el ejercicio y lo harás con más convicción. La tercera vez te sabrás todo de memoria, tu intención será mucho más potente y los efectos positivos en tu vida serán innegables. No dudes en volver a hacer el protocolo unos días, una semana o dos meses más tarde, ve a tu ritmo. Y no olvides prestar atención a lo que sientes. Después de poner estos protocolos en práctica varias veces a largo plazo, sentirás una inmensa alegría liberadora.*

El ejemplo que sigue demuestra el interés en hacer estos rituales. Una joven que era acosada por su hermano desde la infancia me confió un día su experiencia. La primera vez que aplicó el protocolo, cesó de recibir los correos electrónicos dictatoriales de su hermano. La segunda vez, dejó de tenerle miedo y pudieron hablar frente a frente, *de forma normal*. La tercera vez, él le pidió perdón. Ella dijo al respecto: «Las cosas se calman poco a poco y es casi un milagro tener un protocolo tan poderoso que actúa en el plano invisible y que tiene repercusiones directas en la materia y las relaciones».

Gracias al «intercambio» es por tanto posible que el perverso narcisista también cambie. Todo depende de su grado de «evolución». Si ya ha comenzado a trabajar sus defectos con un terapeuta, existe la posibilidad de que la parte de su alma que va a recibir sea suficiente para abrirle los ojos sobre su actitud nociva. Suele ser raro, pero me han contado varios ejemplos en este sentido. Es importante señalar esto porque a menudo oímos que se trata de individuos incurables. En general, una persona roba la energía a otra porque le han robado la suya cuando era pequeño. El proceso continúa entonces a modo de compensación. Por ejemplo, un progenitor roba el alma de su hijo para colmar una carencia, algo que a él también le robaron. Al hacer el protocolo, el proceso se interrumpe.

Ten también bien presente que si una emoción difícil, relacionada con la manipulación de la que has sido víctima, aparece un tiempo después de haber hecho la reconstrucción del alma, significa que todavía quedan cosas que recuperar. En ese caso, vuelve a hacer el protocolo con la persona en cuestión. Al final, lograrás una mayor serenidad y tus miedos se alejarán. De hecho, recibo numerosos testimonios de personas que ya no sienten esa especie de vacío en ellas. Esto puede expresarse de forma muy concreta: algunos dejan por ejemplo de tener siempre hambre, muchos otros disfrutan al fin el poder abandonarse a un sueño reparador. Sentirse completo significa volver a encontrar nuestra verdadera identidad y recuperar todo nuestro poder. Te vas a sorprender manejando las riendas de tu vida.

Ahora ha llegado el momento de liberarte de ciertos condicionamientos debidos a situaciones difíciles que han vivido tus padres o ancestros. El próximo paso es determinante para recobrar la serenidad.

CAPÍTULO 10

Tu herencia emocional

Todos hemos podido constatar que existen esquemas que se repiten de generación en generación. Por ejemplo, si nuestra abuela era huérfana de madre, no suele ser raro que no nos llevemos bien con nuestra propia madre, o que tengamos dificultades con nuestra empresa si nuestro abuelo sufrió una bancarrota, o que tengamos problemas en nuestra relación con los hombres si nuestra madre sufrió una violación, o que nos cueste tener un hijo si una tía nuestra se quejaba de verse obligada a criar sola a los suyos, o que tengamos dificultades para encontrar el amor si nos llamamos como nuestro tío abuelo que era cura. Evidentemente, no todas nuestras decepciones se explican con un vínculo con nuestros ancestros, pero si estamos haciendo todo lo posible para llegar a nuestro objetivo y el éxito se nos niega de manera inexplicable, entonces puede que se trate de «memorias celulares», lo que la psicogenealogía llama el peso transgeneracional. Afortunadamente, podemos librarnos de él.

TOMA CONCIENCIA DE LOS VÍNCULOS CON EL PASADO

De igual forma que heredamos características físicas (pelo rizado, ojos verdes...), parece ser que también heredamos situaciones no *digeridas* por nuestros antepasados. Por otro lado, si miramos con lupa la historia de nuestra familia, a menudo descubrimos similitudes. Para evitar que los esquemas se repitan, es necesario vaciar nuestra memoria emocional y limpiar los vínculos del pasado. Si bien la mayoría de las técnicas para hacer esto requieren la presencia de un terapeuta, una tercera persona o un grupo, he querido proponer un método que cada uno puede llevar a cabo solo y en cualquier momento de su vida.

En 2014, pasé por una época difícil. Acababa de dirigir seis documentales de sesenta minutos en menos de dieciocho meses. Todos estaban presentados por Stéphane Allix, mi marido. Y a pesar de la cantidad de trabajo enorme que yo había desempeñado, el único nombre que tanto mi entorno personal como profesional retenía era el de mi marido. Incluso mi familia se refería a «las películas de Stéphane». Cierto es que él estaba en el origen del concepto y que las habíamos escrito juntos, pero estaba claro que yo tenía un problema de reconocimiento: los periodistas me ignoraban, yo no existía a ojos del público. Peor todavía, tenía la sensación de que mi trabajo no era valorado a la altura de mi esfuerzo.

¿Cómo explicar esto? Me puse a buscar quién podría haber encontrado un problema de reconocimiento profesional dentro de mi familia. Primero me vino a la cabeza mi tía. Ella era religiosa pero también escribía y mis padres me pusieron su nombre como segundo nombre. De todas formas, la comparación parecía detenerse ahí ya que ella sí había sido reconocida por sus publicaciones tanto dentro de su congregación en Francia como en el extranjero, en Canadá, España y Brasil.

Pero me estaba equivocando de persona. Estaba buscando un paralelismo en el plano profesional cuando en realidad me tenía que centrar en el lugar que ocupaba dentro de mi pareja. Seguí con mis investigaciones y en junio de 2015, gracias al comentario de una amiga, me di cuenta de que había heredado un patrimonio emocional de mi abuela. Ella siempre había estado a la sombra de su marido, «no existía». De hecho, tuvo que fallecer mi abuelo para que yo descubriera su bondadosa presencia y ella se convirtiera en mi confidente. ¡Había sido invisible para mí durante tantos años! Pero la idea de que esta generosa mujer me hubiera transmitido esa dolorosa herencia era difícil de concebir. Después comprendí que me la había transmitido *sin darse cuenta*. Al igual que ella, yo estaba a la sombra de mi marido.

¿Cómo liberarme? En septiembre de 2015 otra amiga me recomendó consultar a Jean-Pierre Hermans, arquitecto de interiores y médium. Mi intuición me dijo que podía ayudarme. No dudé un segundo. Le expliqué mi problema por teléfono y él me dio un protocolo para limpiar los vínculos de sufrimiento. Todavía hoy le estoy agradecida. Esa misma noche, sin decírselo a nadie, puse el protocolo en práctica con mi abuela, fallecida once años antes. Me quedé estupefacta cuando, al día siguiente, la presentadora de radio que iba a entrevistar a mi marido me invitó a mí también. Los medios de comunicación no habían por tanto cambiado la manera de concebir mi trabajo, ¡simplemente acababa de librarme de una herida que no me pertenecía!

Cada vez que un nuevo bloqueo se presentaba, continuaba explorando mis vínculos transgeneracionales. De esta manera, la toma de conciencia de estas *herencias* prosiguió a lo largo de los años. E incluso he puesto en práctica recientemente un protocolo de Jean-Pierre Hermans con mi abuelo paterno con el cual he encontrado varias situaciones difíciles similares. Propongo este protocolo de liberación de herencias en el capítulo siguiente.

- *Tomémonos nuestro tiempo para recapacitar sobre las dificultades de nuestra familia y comparémoslas con las nuestras. Resulta inquietante constatar que la vida es un ciclo sin fin que a veces salta una generación y afecta también a la de los hijos y nietos. Los padres no desean evidentemente transmitir sus heridas a su descendencia —de hecho, a menudo no tienen conciencia de ello—, pero recordemos que nuestra alma los ha elegido con el fin de permitirnos superar las situaciones difíciles. Consideremos a nuestra familia como las personas preponderantes que van a permitirnos que no nos veamos nunca más afectados por las heridas que hemos elegido. De esta forma podremos profundizar el trabajo sobre nuestros ancestros, trabajo que se prolongará toda la vida, hasta alcanzar nuestro sosiego. Es por lo tanto inútil echarles la culpa de habernos transmitido sus dificultades. Ellos no tenían las herramientas de las que tú vas a disponer ahora.*

Tomar conciencia de estas *herencias*, tan pronto como nos permitimos ahondar en nuestra genealogía, es fácil al final. Es hora de que hagas memoria y consideres a cada miembro de tu familia. Aunque a veces nuestra mente nos esconde la verdad y no vemos las recurrencias. En ese caso, no dudes en dirigirte a un terapeuta (psicólogo especialista en lo transgeneracional, o por medio de constelaciones familiares) para que te ayude.

Los casos que expongo a continuación ayudan a hacerse una idea de la importancia de la limpieza emocional. Claudie, una amiga mía, se quejaba de enamorarse de hombres que no estaban disponibles. El primero, médico, dedicaba todo su tiempo al trabajo. Con el segundo, casado, seguía porque tenía la esperanza de que algún día dejaría a su mujer, cosa que jamás sucedió. El tercero, artista, viajaba sin parar y se negaba a implicarse en una relación seria. Los siguientes estaban todos casados. Claudie tenía **endometriosis**, lo que, según la simbología de las enfermedades, representaría el miedo a que un hijo viniera a perturbar su vida cotidiana o de pareja. Ella me contó que su madre nunca había querido a su marido (el padre de Claudie). Estaba locamente enamorada de otro hombre y había intentado dar celos a este último teniendo una aventura con su mejor amigo. Cuando descubrió que estaba embarazada, decidió quedarse con el padre de Claudie a regañadientes. Día tras día, la madre cayó en una especie de mórbida fatalidad: «No tengo la vida que yo quería, el problema viene de este embarazo, hubiera preferido quedarme sola». Inconscientemente, transmitió la herida a su hija. Sin hijos ni relación duradera, Claudie vivía por tanto el «sueño» de su madre. Su cuerpo *le decía* (por medio de la endometriosis) que podía liberarse de ese esquema emocional que no le pertenecía.

A veces la transmisión es más sutil. Emma se presentó a uno de mis talleres con problemas de salud, en concreto de las vías respiratorias (asma). Se quedó estupefacta cuando se dio cuenta de que, al yo exponer la idea de los lazos invisibles, su segundo nombre, Sophie, era el de su madrina, quien siempre había sufrido de neumonías graves, **asma** y **bronquitis** crónica.

LA CUESTIÓN DEL SECRETO

Todas las familias tienen secretos. A veces están enterrados desde hace generaciones porque tenemos miedo de que perturben nuestro equilibrio. A menudo me preguntan si es importante sacarlos a la luz. Cuando callamos, creemos estar protegiendo a nuestros seres queridos, en particular a nuestros hijos. Guardamos silencio para evitar la vergüenza, para no tener que explicar que hemos mentido, porque tenemos miedo de decepcionar, porque no sabemos cómo anunciar algo o simplemente porque hemos prometido que nos callaríamos. Sin embargo, es muy probable que un secreto tenga un impacto sobre nuestra vida o la de nuestra descendencia. Conocer el pasado de nuestros ancestros y de las personas por las cuales llevamos el nombre o con las que tenemos un lazo específico (padrino, madrina) es ofrecerse la oportunidad de comprender nuestras situaciones difíciles. A menudo un horroroso secreto en un momento dado lo es un poco menos años más tarde. Basta con decir las cosas desde el corazón, como por ejemplo: «En la vida, tras haber vivido momentos difíciles, cometemos errores». Al mencionar que la persona en el origen del hecho vergonzoso sufrió probablemente mucho antes de cometer la torpeza, le estamos dando el derecho a equivocarse. Si nuestros hijos sienten que estamos juzgando a alguien, están *escuchando* que también los podemos juzgar a ellos y por tanto guardarán sus propios secretos.

He aquí por qué observar las relaciones de nuestros padres con sus propios padres, hermanos y otros familiares para después fijarnos en las relaciones que tenemos con nuestra familia nos permite integrar esta herencia emocional. Ahora hagámonos estas preguntas: ¿hemos cortado el contacto con nuestra familia? ¿Estamos continuamente juzgando a los demás? ¿Tenemos celos de un hermano o hermana? ¿Nos hemos alejado de nuestros padres? ¿Hemos corrido un tupido velo en lo que concierne a nuestros problemas en vez de intentar solucionarlos? Estamos corriendo el riesgo de que nuestros hijos más tarde actúen de la misma manera que nosotros. ¿No deseamos con todas nuestras fuerzas que se nos perdone por nuestros errores? ¿Y si fuéramos capaces de hacer lo propio con nuestros padres?

Por otra parte, si pensamos que únicamente uno de nuestros padres es el responsable de todas nuestras desgracias, vamos a tener probablemente conflictos con personas del mismo sexo que nuestro progenitor. Si trabajamos esta relación y nos «desintoxicamos» de los traumas emocionales vividos por o con nuestro progenitor, nos damos la oportunidad de cesar de reproducir al fin el ciclo de rachas difíciles de nuestra vida.

- *Si no logramos contar a nuestra familia un acontecimiento traumático, podemos escribir una carta y dejarla a su disposición precisando que aquellos que deseen saber pueden leerla pero que es demasiado pronto para hacer preguntas. Un día será posible. De esta forma evitamos que el trauma vuelva a reproducirse en nuestra descendencia.*

A veces, muy a su pesar, nuestros padres nos hacen vivir exactamente la misma situación dura que a ellos les abatió durante la infancia. Evidentemente no se trata de maldad sino más bien del peso transgeneracional. Con respecto a esto, me viene a la mente una historia bien singular: a principios del siglo XX, un constructor naval fue trasladado a Dakar. Su mujer acababa de dar a luz a una niña, Madeleine. Ella siguió a su marido a África pero, por miedo a que el bebé contrajera alguna enfermedad, dejó a la niña al cuidado de la abuela, en Dunkerque. Madeleine sufrió mucho por no haber conocido a sus padres, que no volvieron a Francia hasta diez años después. Cuando la Segunda Guerra Mundial estalló, Madeleine estaba casada y tenía tres hijas. Con el fin de escapar de los alemanes, el matrimonio huyó al sur de Francia con la mayor de las hijas, quien tenía por misión ocuparse de la que acababa de nacer. Pero dejaron a Claire, la mediana revoltosa, con su abuela. La niña sufrió terriblemente a causa de esto. ¿Por qué Madeleine no comprendió que estaba haciendo vivir a su hija exactamente la misma situación que ella tuvo que soportar?

Recordemos que mientras la herida (en este caso percibida como un abandono) no haya sanado, continúa reproduciéndose y es revivida por otra persona de la familia. Si Claire sigue teniendo rencor a su madre sin entender que ha revivido una situación provocada por su abuela (y de la que Madeleine no tenía las *llaves* para liberarse), esta herida de abandono puede volver a aparecer con alguno de sus hijos, que a su vez se sentirá abandonado, o con alguno de sus nietos, un sobrino... Hasta que alguien se libere y, potencialmente, todo el linaje con él. Claire puede pensar de forma legítima que es la hija *menos querida* de las tres hermanas ya que sus padres le han hecho vivir este trauma únicamente a ella, pero no olvidemos que *elegimos* a nuestros padres en relación con las situaciones que van a permitir sanar nuestra alma. ¿Debemos por tanto tenerles rencor por *aquello* que hemos venido a buscar en esta vida: sanar y librarnos de nuestros mayores desafíos?

¿Acaso nuestros hermanos y hermanas son responsables de aquello que no hemos obtenido cuando nuestra alma en realidad ha elegido este preciso lugar dentro de la familia?

 • *El acontecimiento se repite con el niño o niña más fuerte o aquel que es el más apto para sanar la herida.*

Dejemos de culpabilizarnos por haber tardado en mirar a nuestros padres y allegados con ojos benévolos. Ignorábamos los desafíos de nuestra alma hasta hace muy poco... Ahora, liberémonos.

CAPÍTULO 11

¡Liberarte al fin!

L iberarse de las herencias transgeneracionales es fácil gracias al protocolo siguiente, que puedes poner en práctica con:

- Los miembros de tu familia que hayan vivido una situación dura que se asemeje a la que te frena hoy en día.
- Los allegados de los cuales has heredado una herida emocional porque llevas el mismo nombre que ellos.
- Todos aquellos que, a causa de una repetición de enfermedades dentro de la familia, te crean creencias «limitadoras» (por ejemplo: «Los hombres se mueren a los cincuenta», «Las mujeres tienen cáncer»...).
- Los familiares con los que has tenido conflictos o malentendidos; para sanar la relación o para que el conflicto deje de perturbarte.

En lo que a mí respecta, limpié los lazos con mi abuela, y la carga a nivel profesional desapareció. También lo puse en práctica con la tía con la que comparto nombre de pila con el fin de no heredar sus problemas sentimentales. Igual con mis padres, por los cuales he vivido la réplica de ciertas situaciones o heridas. Lo he hecho varias veces con personas con las que estaba en conflicto y, en su mayor parte, estas relaciones han evolucionado de manera extraordinaria. Lo mismo con aquellos con los que la comunicación era complicada, tras el protocolo me sorprendo al notar un manifiesto retroceso de la situación y de los recuerdos dolorosos. Es un verdadero alivio.

LIMPIA TUS LAZOS DE SUFRIMIENTO

No dudes en aprenderte el protocolo de memoria. Si no, puedes leerlo y grabarlo en tu teléfono dejando silencios para poder repetir las frases en voz alta. Otra posibilidad es pedir a alguien de confianza o a un terapeuta que te enuncie los pasos del ritual para guiarte. Te darás cuenta de que el principio es el mismo que para los protocolos anteriores.

Protocolo 7
Liberarse de las herencias emocionales

Para que este protocolo sea verdaderamente eficaz, es necesario haber hecho **previamente** el protocolo 5 (reconstrucción del alma tras un *shock*) y el protocolo 6 (reconstrucción del alma tras una manipulación o un acoso) con todas aquellas personas que han podido robar tu energía. Vuelve a leer el capítulo nueve entero.

1. Elige un lugar tranquilo, siéntate en una silla e instala otra frente a ti. Imagina la luz blanca a tu alrededor e invita a tus testigos

---

principales, esos dos seres de luz que se situarán a ambos lados y velarán por que el protocolo se desarrolle correctamente.

2. Invita a venir a la persona de cuyas cargas te quieres deshacer (o aquella con la que has tenido conflictos) e imagina que se sitúa frente a ti. Si no logras imaginarla, es porque crea resistencia. Di en voz alta: «Pido por favor a mis seres de luz que ordenen a .... que se siente frente a mí».

3. Ahora, dile en voz alta todo lo que sientes, desde lo más profundo de tu corazón. Todo lo que se diga ya no se tendrá que decir. Una vez que hayas terminado, menciona las herencias emocionales de las que te quieres liberar. Por ejemplo: «tus miedos, el hecho de que, abortando, hayas asociado la muerte al nacimiento ha tenido un impacto en mi vida, me libero y te libero a ti... El hecho de que no hayas sido feliz en el amor, que no hayas tenido el trabajo de tus sueños, que tu hermano te robara tu herencia (etc.) se terminó, no quiero llevar esa carga, me libero y te libero a ti». Si no tienes nada que reprocharle (porque casi no lo conoces), di entonces: «no tengo nada que reprocharte pero tus cargas (citarlas, dar ejemplos precisos) no me pertenecen. Me libero y te libero a ti».

4. Una vez que hayas terminado, quédate en silencio. Todos los pensamientos que surjan espontáneamente son en realidad respuestas: «Me había dicho que fui yo quien empezó, pero no fue así...». Cuando ya no surja nada, eso significa que el otro ha terminado. Si no ha aparecido ningún pensamiento, eso indica que el otro estaba de acuerdo con tus palabras.

5. Di en voz alta y con convicción: «Me has escuchado, te he escuchado. Ante mis testigos [cita a los seres de luz elegidos], **pido** que los lazos entre .... y yo sean **limpiados** íntegramente y liberados de todo sufrimiento, en esta vida y en todas las demás,

para que se transformen en lazos de **amor**». Imagina ahora un nexo entre tu ombligo y el de la persona que está sentada virtualmente frente a ti. Imagina que ese nexo se vuelve blanco y luminoso, libre de toda carga emocional. Da las gracias a tus testigos así como a la otra persona.

El profesor Linus Pauling, premio nobel de química y premio nobel de la paz, dice: «La vida no son las moléculas sino la relación que existe entre ellas». Con esta aclaración, podemos comprender mejor por qué una persona de nuestra familia, incluso pariente lejano, puede tener un impacto en nuestra salud. Lo demuestra el ejemplo que sigue. Nelly es enfermera en Douarnenez. Una de sus compañeras tiene un bebé en el hospital, al que han operado de estenosis pilórica (regurgita lo que bebe). «Consciente del impacto de los lazos familiares gracias a su taller —me confía Nelly— le pregunté a mi compañera si ya había habido alguien en su familia con el mismo problema. Me dijo que su tío había tenido lo mismo. Entonces me armé de valor y le dije que debía explicarle a su bebé que no era su historia y que debía tener confianza porque podía liberarse. Ella lo hizo. Esta tarde el bebé está bien. Se bebió su biberón y no lo vomitó. Parece estar tranquilo. Me emociona porque ayer por la mañana hubiera sido incapaz de identificar todo eso».

CORTA LOS LAZOS TÓXICOS

Todavía quedaba un punto negro en mi vida. Años atrás, un hombre al que conocí atacó a mi familia hasta el punto de desestabilizar nuestro equilibrio ya frágil de por sí. Lo que le incitó fue un despecho amoroso, y sus actos me devastaron. Obviamente, él aseguraba que todo era culpa mía. Yo me debatía entre el odio y el deseo de venganza. Limpiar los lazos de sufrimiento con él era imposible en aquella época. No estaba ni mucho menos preparada para comenzar la limpieza puesto que le concernía a él. Ese era el estado de ánimo en el que me encontraba cuando mi hermana pequeña entró en coma tras una rotura de aneurisma. Un segundo bastó para que su vida se detuviera. Yo ya había vivido un drama parecido cuando acompañaba a mi marido en Afganistán. El hermano de Stéphane falleció en un accidente de coche prácticamente delante de nuestros ojos. Por supuesto, ya había perdido a mis abuelos, algunos tíos, tías e incluso amigos, pero esta vez se trataba de mi hermana. La estupefacción y la rabia dejaron paso a la tristeza y me invadieron. Al mismo tiempo, mis preocupaciones cotidianas me parecieron de repente ridículas. Durante mis visitas al hospital a lo largo del período de coma hasta su fallecimiento, tomé conciencia de la cólera omnipresente que sentía hacia mi ex. Era un sentimiento que me mantenía en el rencor y oscurecía mi horizonte. Era vital liberarse de él, pero ¿cómo? Entonces me acordé del protocolo de limpieza de los lazos de sufrimiento y de una versión más *determinada*. En lo que concierne a las relaciones tóxicas, ya no se trata de *pedir* sino de *ordenar*. Ya no *transformamos* los lazos de sufrimiento sino que los *cortamos*. No elegimos el *amor* como finalidad sino la *paz*.

Al ponerlo en práctica, sentí físicamente cómo un peso abandonaba mi cuerpo. Supe que acababa de alcanzar una etapa determinante en mi vida: lograr cortar el ciclo infernal que nos une a un conflicto sin fin. Y esta evolución hacia la serenidad se la debo a mi difunta hermana.

Este protocolo puede ponerse en práctica con:

- Las personas (vivas o fallecidas) que te han hecho sufrir o vivir situaciones difíciles de las cuales te has restablecido a duras penas.
- Aquellos que te agobian o te critican sin descanso con la voluntad (a veces inconsciente) de perjudicarte.
- Los individuos que te han violentado, violado o traumatizado.

Protocolo 8
Cortar los lazos de sufrimiento

Para que este protocolo sea verdaderamente eficaz, es necesario haber hecho **previamente** el protocolo 5 (reconstrucción del alma tras un *shock*) y el protocolo 6 (reconstrucción del alma tras una manipulación o un acoso) con todas aquellas personas que te han podido vaciar tu energía. Vuelve a leer el capítulo nueve entero.

1. El principio es siempre el mismo: enciende una vela, ponte en un lugar tranquilo, pon las dos sillas, imagina la luz blanca e invita a dos entidades superiores a que te asistan.
2. Invita a venir a la persona con la que has tenido conflictos varios o por la cual has vivido traumas e imagina que se sitúa frente a ti. Si no logras imaginarla, significa que pone resistencia. En ese caso, di en voz alta: «Pido por favor a los *seres de luz* [o cita el nombre de los que has elegido] que ordenen a .... que se siente frente a mí». Si no conoces el nombre de la persona que te ha hecho daño, sustituye el nombre por «el que me hizo ....».
3. Ahora, dile en voz alta todo lo que sientes, desde lo más profundo de tu corazón: «No entiendo por qué me hiciste eso, lo que

me hiciste vivir fue atroz...». A veces nunca se ha tenido la oportunidad de hablar, así que aprovecha. Reconocer nuestro dolor y presentarlo al otro sin vergüenza ni miedo es como sacar a la luz un gran secreto, dejará de destrozarte.

4. Una vez que hayas terminado, quédate en silencio. Una vez más, todos los pensamientos que te vengan a la mente serán respuestas. Cuando ya no venga nada más, significará que el otro ha terminado.

5. Di en voz alta, con gran fuerza y convicción: «Me has escuchado, te he escuchado. Delante de mis testigos [nombra a tus seres de luz], **ordeno** que los lazos de sufrimiento entre .... y yo sean **cortados** en esta vida y en todas las demás para transformarse en lazos de **paz**». Al pronunciar estas palabras, imagina que unas tijeras cortan a conciencia el lazo de sufrimiento que une tu ombligo al de la persona. Decide de qué manera quieres que esta oscuridad desaparezca (quemada, evaporada, licuada...). Termina dando las gracias a tus **seres de luz**.

Existen por supuesto otras técnicas que se asemejan a este protocolo, pero el interés de este es que tenemos a dos potentes *aliados* que nos asisten a lo largo de todo el proceso. Su ayuda será preciosa si el otro muestra algún tipo de resistencia.

Ten en mente que no has cortado la relación, has cortado los *lazos de sufrimiento*. Es importante precisarlo para las personas que tengan la necesidad de ponerlo en práctica con su padre, su madre e incluso un hermano o hermana. Como para el resto de los protocolos energéticos, habla en voz alta y no dudes en hacerlo varias veces para reforzar la intención. La segunda vez estarás más seguro de ti. A la tercera, la energía con la que pronuncias las frases dará mejores resultados. Y vuelve a hacer el protocolo en cuanto notes que el problema resurge. Una vez que te sientas liberado del peso de esta relación, podrás hacer el ritual con otra relación distinta si lo necesitas.

Este protocolo es una conversación de alma con alma. El otro no está presente físicamente pero una parte de él escucha tus palabras. A veces, el protocolo tiene un impacto importante en la relación que une a las dos personas y nos sorprendemos al ver la evolución del otro. Otras veces actúa únicamente sobre nosotros, pero ya no nos hieren sus artimañas y el miedo se aleja. Personalmente, he visto mi odio y mi rencor evaporarse y mi vida se ha vuelto considerablemente más ligera. Esto ha tenido un impacto inmediato en la relación con mi familia. Las situaciones complicadas se han alejado. Me he sentido liberada.

Si un protocolo no funciona, puede ser por varias razones: ¿has hecho (y repetido quince días después) el protocolo de reconstrucción del alma tras un *shock* (protocolo cinco)? La misma pregunta en lo que concierne al protocolo seis. Puede que tal vez te hayas olvidado de hacerlo con alguien. A veces la lista es larga: padre, madre, hermano, hermana, exparejas, compañeros de trabajo, amigos... Tómate tu tiempo y vuelve a leer el capítulo nueve entero, no corras. Tomar distancia del ciclo de adveridades que se repiten es difícil. No dudes en pedir consejo a una tercera persona o a un terapeuta en lo que respecta la réplica de estas herencias emocionales entre los miembros de tu familia.

 Para liberarte de los lazos de sufrimiento, puedes utilizar dos protocolos distintos:

- **El protocolo 7** *para limpiar la relación con un pariente (vivo o fallecido) con el fin de liberarte de una herencia emocional o*

transgeneracional y dejar de soportar el peso de las situaciones que estas generan. Lo mismo en el caso de un familiar o antepasado por el cual llevas tu nombre. También puedes limpiar los lazos con personas de tu entorno (amigos, compañeros de trabajo, parejas) con el objetivo de que el rencor, los disgustos y las disputas dejen de pesarte y que tú dejes de hacerles vivir tu herida a cambio.

- *El protocolo 8* para limpiar los lazos de sufrimiento pero únicamente en el caso de relaciones destructivas o de violencia moral o física, lo que llamamos «relaciones patológicas» o de «dependencia emocional»: me refiero a cuando una persona actúa con el propósito de perjudicarte o hacerte daño, incluso destruirte, en un ciclo infernal. También se recomienda ponerlo en práctica con todos aquellos con los que has hecho una reconstrucción del alma (capítulo anterior) de forma que la dependencia cese y que los recuerdos traumáticos dejen de afectarte.

- Permite que los protocolos te impregnen. Date tiempo entre cada serie de protocolos. Actúa en conciencia y sin prisas.

Terminemos con un último ejemplo: durante una conferencia en Bélgica, una pareja de sexagenarios viene hacia mí. El marido empieza a hablar:

—No se imagina lo que nos ha alegrado el conocer la existencia de este protocolo. Mi mujer tiene una madre horrible que la abandonó cuando era pequeña.

La mujer se seca las lágrimas y añade:

—Me metió en un internado mientras que mis hermanos se quedaron en casa con ella. No pude volver a la casa hasta después de casarme. Es una mujer tóxica. Mi hermana mayor murió con tan solo unos días y la que nació después de mí también murió. Incluso nuestras tres gatitas murieron rápidamente. Mis hijas me reprochan ahora que no conocen a su abuela. Aún hoy, mi madre sigue haciéndome daño. Voy a aplicar el protocolo y espero que deje de sufrir, no quiero oír hablar de ella nunca más.

Su cólera es palpable. A veces mi intuición me da informaciones extrañas pero yo las escucho sin hacerme preguntas, así que le digo a la mujer:

—¿Y si la casa en la que vivía su familia fuera nefasta para todo aquello que es joven y femenino? [Estos fenómenos han sido particularmente demostrados por el biólogo Rupert Sheldrake, quien puso en evidencia la presencia de *campos mórficos* que contienen una información recurrente que él llama la *memoria del universo*. Es lo que los parapsicólogos denominan la *memoria de las paredes* cuando una información está asociada a un drama ocurrido en una casa]. ¿Y si su madre, en vez de haberla apartado de la familia, la hubiera apartado del lugar que mató a sus dos hermanas y a las gatitas? De forma inconsciente, entiéndase. Pero quizás le hizo el mayor de los regalos: apartándola de una casa nociva para usted, hizo lo que tenía que hacer para que pudiera vivir. Y una vez que usted se convirtió en una joven adulta, pudo volver.

La mujer se pone a temblar y se lleva una mano a la boca:

—Así es, es tal cual... Siempre creí que nunca podría perdonarla, ahora sé que podré.

Cuántas personas me han contado que al leer el protocolo, incluso antes de ponerlo en práctica, sintieron un alivio considerable. Como si el proceso ya se hubiera puesto en marcha. Estoy convencida de que esta mujer, en el momento en el que describí el protocolo en la sala, ya había comenzado a integrar el ritual en ella, razón por la cual ese cambio de actitud fue posible de forma tan rápida. Una vez liberados de nuestras heridas, nuestro odio y nuestra cólera desaparecen.

CAPÍTULO 12

Elimina tus bloqueos

Sigues en tu camino de sanación paso a paso. Te has lavado tus cargas emocionales en el arroyo de la liberación y ya no soportas el peso de las que no te pertenecen. Mejor aún, has cerrado las grietas generadas por heridas que has logrado identificar. Después de tantas situaciones duras, hete aquí de pie, diferente por siempre jamás pero, sobre todo, más fuerte. Tu existencia ha tomado una dirección positiva y te sorprendes al pensar de forma diferente. Ya no eres la persona que se creía víctima de los demás o de la vida en general. Una parte de tu sufrimiento se ha esfumado y por tanto no comprendes por qué algunos bloqueos todavía persisten. Anota a continuación todo lo que no fluye, los sueños que no logras alcanzar o todo aquello que no avanza correctamente en tu vida:

— ....

— ....

— ....

— ....

— ....

Estos frenos provienen bien de herencias emocionales, bien de sentimientos de culpa relacionados con tu infancia.

DESHACERSE DE LOS BLOQUEOS HEREDADOS

Para eliminar los bloqueos que provienen de tu familia, identifícalos (profesionales, financieros, familiares, sentimentales) y determina si se trata de:

- Una falta de reconocimiento por parte de los demás.
- Un problema de posición dentro de la pareja, la familia o la profesión (no logras existir por ti mismo, eres invisible o estás a la sombra de...)
- Un problema de legitimidad (hacia ti mismo), no te das derecho a la abundancia, a ser feliz, a tener éxito, a sentir orgullo.

Ahora escribe los fracasos, dramas y situaciones difíciles más importantes de tus padres, abuelos y aquellos por los que llevas tu nombre:

— ....

— ....

— ....

— ....

— ....

— ....

— ....

Compáralos con los tuyos y observa los ciclos que se repiten para después limpiar los lazos de sufrimiento con las personas en cuestión utilizando el protocolo siete.

Los bloqueos que vivimos de forma cotidiana también pueden provenir de la culpa, ese sentimiento pernicioso que se impone por la fuerza, incluso durante el éxito, y que actúa echándonos el freno.

¡FUERA LA CULPA!

Ciertos temperamentos son más propensos a sentirse culpables. Personalmente, debí de ser un San Bernardo en una vida pasada, esos grandes perros peludos que los cuerpos de rescate utilizaban antes para buscar a personas perdidas y que aún representamos con un pequeño barril en el cuello. Al igual que ellos, no soporto ver a alguien sufrir. Tengo la empatía de una bayeta de cocina ultraabsorbente. Esta propensión a sentirme culpable ante las desgracias de los demás se ha visto acentuada por la presencia de personas que, a lo largo de mi vida, me han repetido que todo era culpa mía. ¡Pero yo era la primera en autorizarme a pensar así! El proceso es de sobra conocido: siempre que nos sintamos culpables, los demás lo percibirán y nos acusarán a sus anchas. Lo que sigue es de una lógica imparable, sin darnos cuenta, nos *castigamos* negándonos todo aquello a lo que todo el mundo aspira: amor, felicidad, reconocimiento y éxito. Y sí, autoconvencerse de que merecemos la gloria no es suficiente para acceder a ella. Tenemos frenos enormes. He constatado que las personas que se quejan de no tener una vida a la altura de sus expectativas disimulan un profundo sentimiento de culpa. Descifremos pues las cinco situaciones principales que generan culpa.

1. Hemos decepcionado a un familiar (o creemos que así ha sido)

Bien porque hemos mentido, hemos entrado en cólera, hemos olvidado algo importante para la otra persona o la hemos engañado de forma voluntaria o involuntaria. O bien porque hemos hecho daño a alguien por negligencia o creemos que así ha sido, o por no haber cumplido con nuestros compromisos (buscar trabajo, dejar el alcohol...).

2. No hemos podido prestar ayuda a alguien, incluidos nosotros mismos

Por ejemplo a causa de nuestra ausencia, de una frase que se esperaba de nosotros pero que no hemos pronunciado, de un mal consejo, de una falta de reacción frente a un maltrato, de la impotencia ante el dolor de un familiar...

3. Hemos ocasionado la pérdida de alguien (o así lo creemos)

A través de un accidente originado por error o falta de atención, porque nos hemos visto en la obligación de elegir para salvar a una persona (incluido uno mismo), porque nuestra madre falleció mientras nos traía al mundo, o bien porque hemos guardado un secreto para proteger a alguien, pero ello ha destruido la vida de otra persona...

4. Hemos recibido más que otra persona o hemos hecho daño creyendo hacer las cosas bien

Si somos el favorito de alguien, si hemos recibido más que el otro, si pensamos que nuestro éxito y felicidad harán sombra a alguien, si somos la única persona que ha sobrevivido tras un grave acontecimiento...

5. Hemos herido a alguien de forma voluntaria

Hemos hecho daño a alguien por maldad, para perjudicarlo o por interés, o bien porque hemos actuado egoístamente o porque sufríamos demasiado y hoy el remordimiento nos atenaza.

¿Cómo librarnos de nuestro sentimiento de culpa? Basta con reconectarse con alguien que todos conocemos pero que hemos olvidado: nuestro «niño interior». Él representa esa parte de nosotros que, en su origen, estaba llena de entusiasmo, de vida y de curiosidad pero que se ha ido resquebrajando a raíz de comentarios y situaciones difíciles de la vida. Vamos a buscar el momento en el que la sombra nos cubrió la cara con el propósito de traer de nuevo la luz. Son a menudo situaciones que parecen banales, sin grandes consecuencias en *apariencia*, que nuestro entorno encontraría difícil considerarlas como la base de nuestro malestar. Realmente somos los únicos que podemos medir el desamparo vivido en ese preciso momento.

Anota todos los sentimientos de culpa que has vivido a lo largo de tu vida, independientemente de la edad o el momento en que ocurrió, sin buscar jerarquizarlos.

— ....
— ....
— ....
— ....
— ....
— ....
— ....

Haz un círculo alrededor del sentimiento de culpa más doloroso, el que más te atormenta. Si es actual, es la réplica de un seísmo ocurrido años atrás. Busca entonces una situación dolorosa de tu más tierna infancia en la que viviste el mismo tipo de culpa. Remóntate lo máximo posible en el tiempo, se trata de encontrar la primera de todas. Si no tienes recuerdos precisos, consulta con un kinesiólogo. Esta práctica pone la mente en segundo plano y permite, gracias al reflejo muscular, hacer hablar a tu cuerpo mientras le formulas la pregunta bien precisa: «¿A qué edad viví mi primer sentimiento de culpa?». Esto te ayudará a que tus recuerdos salgan a la superficie.

CONSUELA A TU NIÑO INTERIOR

Ahora que has identificado el acontecimiento que desencadenó tu sentimiento de culpa, es tiempo de eliminar ese sentimiento. ¿Cómo hacerlo? Como en hipnosis, te propongo que vuelvas al pasado para modificar el acontecimiento en cuestión para siempre. No olvidemos que gracias a nuestras famosas neuronas espejo, el cerebro no hace la diferencia entre una situación real y un ejercicio imaginario, siempre y cuando este sea percibido como real.

Al poner nuestra imaginación al servicio de nuestra intención, nuestros recuerdos dolorosos van a dejar de influenciarnos.

Protocolo 9
Nuestro consuelo

1. Acabas de identificar un sentimiento de culpa importante. Si dudas entre dos, elige el más antiguo, incluso si te parece menos trascendente. Imagínate hoy como tu yo adulto en compañía de tu yo niño, es decir, de la edad de cuando el acontecimiento

doloroso se produjo. Pon tu nombre al lado de «niño/a» y «adulto/a». Por ejemplo, en mi caso digo: «La Natacha adulta acompaña a la Natacha niña. Tal y como un adulto protegería a un niño en dificultades, tu yo adulto se acerca a tu yo niño con cariño, lo toma en sus brazos y lo abraza.

2. Gracias a tu imaginación, tu yo adulto toma de la mano a tu yo niño y lo lleva hasta el lugar y el momento exactos de la infancia en los que ha vivido el sentimiento de culpa. La persona que ha generado ese sentimiento está presente en pensamiento, como si estuviera realmente ahí.

3. Cuenta los hechos en voz alta como si los revivieras. En el momento en el que la culpa entra en juego, hazte las siguientes preguntas: «¿Qué hubiera deseado hacer? ¿Cómo hubiera querido que el otro reaccionara y qué hubiera querido que dijera?». Imagina la actitud que el otro habría podido tener para no haberte hecho sentir culpable (incluso si te parece algo inconcebible) y narra esta continuación de los hechos embellecida. Esta versión debe ser muy bonita para que tu yo niño deje de sentirse apenado.

   • Si le hiciste daño a alguien, de forma intencionada, por negligencia, egoísmo o simple malestar, tu yo niño pide perdón a tu yo adulto por haberle permitido tomar conciencia de sus actos.

4. Después de relatar esta historia idealizada, tu yo adulto tranquiliza a tu yo niño considerando el acontecimiento desde la distancia. Perdona a tu yo niño poniendo toda tu intención. Por ejemplo, diciéndole algo así:

- Lo hiciste lo mejor que pudiste para tu edad.
- Si lo hubieras sabido, lo habrías hecho de otra manera.
- Todo el mundo comete errores, así es como se aprende.
- Reaccionaste así porque te sentiste en peligro, olvidado.
- Eras demasiado pequeño para comprender la actitud de
....
- No es culpa tuya si recibiste más que .... Su alma eligió ese preciso lugar entre los hermanos para aprender de este tipo de situaciones.
- Murió porque le llegó su hora. De alguna manera, estabas obligado a vivir esta situación para evolucionar en el camino de tu alma.
- Fuiste torpe, actuaste mal o dijiste cosas horribles a ...., pero has cambiado y has pedido disculpas.
- No olvides que el alma de tus hijos, de tu hermana, de tus padres [los familiares con los que viviste este sentimiento de culpa] eligieron encarnarse en esta familia con el fin de superar ciertas pruebas.

5. Tu yo adulto termina diciendo en voz alta a tu yo niño: «Viniste al mundo para aprender de tus errores y situaciones de la vida y vas a aportar cosas esenciales a los que te rodean. Tienes que perdonarte, eres digno de ser amado y tienes derecho a ser feliz. Cuanto más feliz seas, mejor podrás difundir la alegría a tu alrededor. Yo estaré siempre ahí, sin juzgarte, ya no necesitas la opinión de los demás para avanzar. Nunca me has decepcionado y siempre cuidaré de ti. Te acepto tal y como eres. Te quiero de manera incondicional y para siempre».

Nota: Es importante que «tu yo adulto» logre convencer a «tu yo niño» de que no está solo y que lo querrá siempre, pase lo que pase. Hay que encontrar las palabras justas para reparar el malestar y eliminar la cólera, el miedo a hacerlo mal, la infelicidad, la culpa, la vergüenza, la sensación de abandono y la angustia que este niño ha experimentado. No tienes por qué aprenderte aquí las frases de memoria, sé espontáneo. Si se te caen las lágrimas, esa es la prueba de una hermosa liberación.

Si no logras hacer este ejercicio solo, puedes pedir a un hipnoterapeuta, sofrólogo o terapeuta experto en EFT o EMDR (todas las técnicas que trabajan con la gestión de las emociones) que te ayude con este protocolo de tu yo niño y tu yo adulto.

Los ejemplos que siguen a continuación permiten comprender de qué manera el sentimiento de culpa actúa como un potente freno y condiciona nuestras vidas a diferentes niveles.

Dificultades para alcanzar el éxito profesional

Chloé es autora de varios libros de desarrollo personal. Pero de sobra es conocido, podemos ser un excelente consejero para los demás y ser poco eficaces con nosotros mismos. Me pidió que la ayudara porque se siente prisionera de una culpa sin fin que invalida su bienestar y el éxito de sus libros. El recuerdo de esta emoción se remonta a cuando tenía cuatro años. Su padre acababa de comprar un tubo de pegamento y lo había dejado sobre una mesita de valor. Cuando terminó la comida, ella corrió maravillada hacia el pegamento y al agarrarlo, cayeron unas cuantas gotas sobre el mueble. Sus padres se percataron y la regañaron severamente criticando su curiosidad. Puede parecer insignificante, pero revivir esos momentos resulta muy penoso para Chloé. Cuando me cuenta lo que pasó, se pone a llorar. Entonces le pido que se imagine a la Chloé adulta, la de hoy, tomando de la mano a la pequeña Chloé de cuatro años que relata la historia hasta el momento fatídico. Después tenemos la conversación siguiente:

—¿Qué hubieras deseado que tus padres dijeran cuando descubrieron el pegamento sobre la mesa?

—Que no pasaba nada...

—Eso no es suficiente para reparar lo ocurrido. Imagina que se disculpan por habértelo hecho pasar mal.

—Oh, mis padres no. Eran muy duros, también con ellos mismos.

—¿Qué te hubiera gustado que dijeran, incluso si eso no se corresponde con su personalidad?

Entonces imagina a su padre hablando a la pequeña Chloé:

—No pasa nada, vamos a limpiarlo. Sentimos haberte hecho sentir mal, perdóname por haber reaccionado así.

Y en la escena ideal, la madre añade:

—Está bien ser curiosa, es lo que trae alegría. No te preocupes, te queremos. Cometiendo errores es como se aprende.

Entonces le pido que visualice a sus padres abrazándola fuerte contra ellos. Después pronuncia esta frase, como si la Chloé adulta se dirigiera a la pequeña Chloé:

—Te quiero de forma incondicional, hagas lo que hagas y a pesar de tus errores, nunca te juzgaré y siempre estaré a tu lado, te mereces el éxito y tienes derecho a ser feliz.

Quince días más tarde, vi en Facebook que uno de sus libros, por tanto publicado hacía ya dos años, no cesaba de recibir comentarios sumamente elogiosos de parte de nuevos lectores. Ella se volvió mucho más alegre y rápidamente su editor le encargó otros dos títulos más. La culpa se había ido, Chloé podía avanzar de forma más serena en la vida.

El derecho a la felicidad

Josselin deja de trabajar sin descanso a causa de afecciones crónicas: gastroenteritis, resfriado, migraña, a veces porque se preocupa por unos síntomas que... desaparecen en cuanto le dan la baja. Él adora su trabajo y no entiende por qué cae enfermo todo el tiempo. Al analizar su sentimiento de culpa, comprende que tiene la sensación de haber decepcionado a su jefe. Para deshacerse de ello, busca un momento de su infancia en el que vivió esa sensación de culpa por haber decepcionado a *la autoridad*. Rápidamente, se acuerda de un acontecimiento clave: un día, cuando tenía seis años, mientras su madre estaba en el hospital tras haber sido operada, su padre le pidió que vigilara una cacerola de sopa que estaba en el fuego ya que él tenía que ausentarse brevemente para ir al trabajo. Pero su padre tardaba en volver y al cabo de un rato, Josssselin, preocupado, se fue de la cocina para mirar por la ventana del salón y ver si su padre volvía. La sopa empezó a salirse. Josselin, creyendo hacerlo bien, se puso a limpiar con un trapo alrededor... pero este prendió fuego y una parte de la cocina se quemó rápidamente. Cuando su padre volvió, se puso a chillarle y Josselin cuenta que su padre tuvo que trabajar mucho para poder pagar la cocina nueva... Él se dijo a sí mismo: «Si yo no hubiera existido, eso no habría ocurrido, él no habría tenido que trabajar tanto, todo es culpa mía». Sin embargo, ese sentimiento aún afecta a su vida: una parte de él se ha quedado estancada a la edad de seis años, en ese niño que cree que su padre se agotó trabajando por su culpa.

Desde entonces, se *castiga* atrayendo situaciones (enfermedades) que interrumpen sus momentos de felicidad. Como en el protocolo descrito anteriormente, el Josselin adulto explica al Josselin niño que se sintió culpable a causa de la ira de su padre. Le dice que él no tenía la culpa de nada y que con seis años nunca debió quedarse solo. «Reaccionaste en consonancia a tu preocupación, que era bien legítima». Josselin adulto pregunta a Josselin niño: «¿Cómo hubieras querido que tu padre reaccionara?». Y la respuesta no se hace esperar: «Que no me gritara, que se hubiera disculpado por haberme hecho esperar tanto y que me asegurara que no había sido por mi culpa». Josselin pronuncia entonces estas palabras y hace añadir a su padre: «Es estupendo, la cocina era fea, gracias a este accidente vamos a tener una nueva, mamá soñaba con eso. Siento mucho, hijo mío, haber causado tantos estragos en tu vida debido a mi ausencia y mi reacción. Perdóname, no entendí que además tú tuviste que pasar mucho miedo. Te quiero mucho». Desde entonces, Josselin ha dejado de caer enfermo y ha vuelto al trabajo de forma serena.

 • *Este ejercicio sobre nuestros primeros sentimientos de culpa limpia los siguientes, que no son sino la réplica de la primera herida. Si los primeros sentimientos de culpa no se borran de nuestra memoria y dejan huellas dolorosas, trabajaremos con los siguientes de la misma manera, incluso si son más recientes.*

Un problema de salud

A Laurent le gusta su trabajo y su vida en general. Hace seis meses, trabajó sobre su herida de rechazo. Comprendió que debía dejar de hacer vivir esta herida a su entorno para su propio bien, y por eso no entiende por qué, desde hace diez días, tiene un enrojecimiento en el pecho, a la altura del corazón, que parece un principio de eccema. Le propongo que se fije en los acontecimientos acaecidos justo antes de la aparición de las primeras rojeces. Le viene a la memoria una discusión con su hermana, que le criticó de forma excesiva y se niega a mantener un diálogo cordial con él. Lo invito entonces a buscar un sentimiento de culpa antiguo durante el cual se hubiera sentido rechazado. Desgraciadamente, no se acuerda de nada. Únicamente me cita riéndose una anécdota que a menudo le han contado: tras el nacimiento de su hermana, cada vez que sus padres se ocupaban de ella, él hacía una trastada. Laurent adulto se dirige entonces a Laurent niño tranquilizándolo y diciendo: «Siempre cuidaré de ti y estaré ahí para ti, incluso si nuestros padres no pueden ocuparse de ti. Nunca te rechazaré, no te hace falta la opinión de los demás para avanzar y te quiero de manera incondicional, hagas lo que hagas». Esa misma noche, el problema de piel pierde intensidad. Al cabo de tres días, no quedaba signo de él, sin la ayuda de ningún tratamiento.

 • *Si no logras recordar ningún acontecimiento que te haya hecho sentir culpable durante la infancia, busca en las anécdotas que tu familia cuenta sobre ti a modo jocoso, sin ser consciente de que detrás se esconde una herida de culpa. ¿Qué palabras utiliza tu familia para hablar de ti cuando eras pequeño?*

Falta de reconocimiento y de bienestar

Gérard es director de recursos humanos de una importante empresa. Es un hombre brillante que se gana bien la vida, pero en el fondo, lamenta no haber podido cumplir un sueño: trabajar para importantes multinacionales en el extranjero. A unos meses de la jubilación, cae gravemente enfermo aun cuando siempre había gozado de una excelente salud. Buscando antiguas heridas de sentimiento de culpa, se da cuenta de que se cree responsable de la muerte de su primo, que había sido atropellado por un coche mientras jugaban cuando eran niños. Comprende que siempre se ocupa más de los demás que de él mismo y que, probablemente, se castiga negándose un éxito a la altura de sus ambiciones. En cuanto a su salud, ese mismo sentimiento de culpa lo priva de la fuente de libertad y felicidad que le ofrece su futura jubilación. Para liberarse, Gérard adulto dice a Gérard niño: «Si fueras tú el que hubiera muerto, ¿habrías querido que tu primo estuviera triste y se impidiera ser feliz? Por supuesto que no. Entonces, disfruta de la felicidad, tú no eres responsable de su muerte. No olvides que fue su alma la que decidió irse». Señalemos que, en su caso y con el fin de que la culpa verdaderamente desapareciera, Gérard tuvo que hacer varias veces el protocolo. Fue entonces cuando se planteó retirarse de la vida profesional, aliviado y con buena salud. Ironías de la vida, tres meses antes de jubilarse, uno de sus antiguos jefes le propuso finalmente dirigir una importante ONG en el extranjero.

También puedes hacer este ejercicio con tu yo adulto y tu yo niño y volver a visitar el pasado haciéndolo más bello para trabajar cualquier emoción desagradable: cólera, frustración, vergüenza, miedo, angustia... Basta con buscar en tu infancia la primera vez que sentiste la emoción para después imaginar que la revives de nuevo. A lo largo de este proceso, mímate, mantente sereno, cuida de ti, pronuncia las palabras que curan el sentimiento como lo harías con un niño al que quieres.

 • *Al reescribir la historia del acontecimiento que generó nuestro sentimiento de culpa, nuestra mente deja de integrarlo como un trauma. Este retorno al pasado, que tan solo dura unos minutos, elimina para siempre los esquemas que nos limitaban y alivia el resto de nuestra vida.*

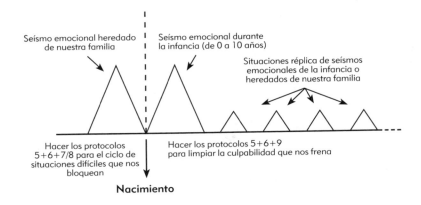

CAPÍTULO 13

El poder secreto del perdón

Todos los libros de desarrollo personal son unánimes: perdonar sería la clave. Perdonar a los demás por supuesto, pero también perdonarse a uno mismo. Cuando comencé a interesarme en el perdón, primero pensé que se trataba de un concepto de moda que mezclaba valores judeocristianos y budistas. Más allá de la moral, no veía ningún interés en el perdón. Pero sobre todo, no comprendía qué es lo que tenía que perdonar.

No obstante, a lo largo de mi trabajo sobre mí misma, he cambiado completamente de opinión. He descubierto el sentido de las situaciones difíciles. He comprendido que se trata de ciclos que se repiten, de heridas heredadas de mi infancia y mis antepasados. He entendido que mi alma había atraído a esas personas y situaciones delicadas para darme la oportunidad de liberarme. Sin caos en mi camino, sin momentos duros ni malevolencia, ¿hubiera buscado reconstruirme? ¿Hubiera intentado curar mis heridas y cubrir mis lagunas? Mi familia, mi entorno, mi marido, mis relaciones profesionales... todos eran fuente de conflictos a la par que *testigos* que mi alma deseaba encontrar para indicarle lo que debía reparar. En cierta forma, me han permitido liberarme. En cuanto a mi odio o mi cólera, he comprendido que estas emociones tóxicas destruyen a aquellos que las viven mucho más que a los que las generaron. La cólera impide el sosiego. El odio no nutre, carcome. Finalmente, a fuerza de hacer los diferentes protocolos, tomé conciencia de su sufrimiento. Ya no me sentía víctima ni tampoco ellos eran los verdugos. Eramos la solución, ¡todos juntos!

Desde entonces, mis situaciones difíciles se han transformado en experiencia. Y he podido empezar a perdonar porque amo la persona en la que me he convertido, tal y como me he reconstruido… gracias a este pasado doloroso. Hoy, soy más fuerte de lo que nunca he sido, y se lo debo a mis liberaciones. ¿Acaso podemos, en el fondo de nosotros, guardar rencor a las personas que nos permiten alcanzar la serenidad, la felicidad y el éxito? No, ¡claro que no! Es entonces cuando comprendí el interés del perdón.

Perdonar a los demás pero también perdonarse a sí mismo. Ya que mi alma ha atraído hacia ella estos acontecimientos, soy por tanto la arquitecta de los seísmos y réplicas que condicionan mi vida. Es así como he aceptado PERDONARME, disculpando a mi alma por haberme impuesto tantos desafíos desde mi nacimiento.

EL VERDADERO INTERÉS DEL PERDÓN

Lo ignoraba pero aún me quedaba comprender lo esencial. Descubrir el verdadero poder del perdón fue una revelación. El 1 de enero de 2017, a modo de felicitación de Año Nuevo, mi madre me anuncia que mi padre está en urgencias por una **neumonía**. Puede que no supere la noche. Sus palabras se clavan brutalmente en mi plexo. «¡Voy corriendo!», le digo. Mientras tomo algunas cosas, me acuerdo de la simbología de esta enfermedad: la neumonía sería sinónimo de desánimo, de sentir que molestamos, de la angustia al pensar que no existe solución para nuestro sufrimiento. ¿Qué ha podido pasarle a mi padre? Ocho días antes, la familia se había reunido para el entierro del marido de su hermana. Puede que hubiera un nexo, pero ¿cúal? El hombre murió de mayor, es ley de vida...

Stéphane, mi marido, me acompaña hasta la clínica. Le confieso que no entiendo nada. Me siento mal porque dos días antes, mi padre tenía una tos muy fea y respiraba mal y con pitidos. Confiando en mi intuición, le había dicho toda serena que no había de qué preocuparse y que todo iba a salir bien. ¿Cómo pude equivocarme hasta ese punto? En el ascensor que nos lleva a cuidados intensivos, le pido a Stéphane que se quede con mi madre para que yo pueda hacer hablar a mi padre y así encontrar el incidente emocional que ha provocado su neumonía. Entro en la habitación pero estoy a punto de recular. Mi padre está tumbado en una cama con aparatos que pitan cada diez o quince segundos. Su ritmo cardíaco y su presión sanguínea alcanzan máximos. Está con oxígeno y tiene una vía en el brazo. Está lívido y a través de sus ojos entrecerrados se adivina un destello de miedo. A pesar de las palabras alarmantes que mi madre me ha dicho por teléfono, me siento conmocionada. Ella nos abraza, aliviada con nuestra llegada.

—Ahora se queda Natacha con él, usted necesita tomar el aire, yo la acompaño —le dice Stéphane.

Me siento en la cama, al lado de mi padre. ¿Por dónde empezar?

—Dime lo que te pesa en el corazón, papá...

—Me duele, no puedo respirar —me responde con una voz casi inaudible.

—Lo entiendo, pero ¿hay algo que te entristece?

Él marca un silencio antes de seguir.

—No es la primera vez que tengo neumonía, tuve una cuando tenía dos años. Me salvé gracias a mi hermano mayor, que me donó sangre porque yo estaba demasiado débil. Fue gracias a él...

No termina su frase y una lágrima le cae por la mejilla. Su hermano mayor había fallecido hacía unos años. Lo animo a continuar. Entonces me relata hechos dolorosos guardados en secreto hasta ahora. Mi padre siente una cólera feroz hacia su madre y su padre, que lo abandonaron cuando él tenía quince años y se lo confiaron a su hermana mayor y... a su marido, ¡Maurice! El hombre al que enterraron hacía ocho días lo había acogido como un padre. Una imagen me viene a la mente: Maurice tiene en sus manos uno de los pañuelos de mi padre con la pena que depositó cuando era niño. Como un mantel que se escurre de la mesa porque tiramos de él, el pañuelo se ha ido a la tumba, dejando a mi padre ante una realidad que lo devastó en aquella época.

Ese fallecimiento ha reactivado un recuerdo difícil (el sentimiento de molestar) almacenado en el inconsciente. Esa es la causa de la caída en picado del sistema inmunitario de mi padre. Pienso entonces que habría que limpiar los lazos de sufrimiento que tiene con sus padres, pero él está demasiado débil para hacer un protocolo entero que jamás ha practicado. Por otro lado, únicamente el perdón me parece esencial. Sé que mi padre es creyente y conozco a los seres espirituales a los que reza cada día. Los invito e imagino una luz blanca alrededor nuestro.

—Papá, vamos a rezar juntos, yo voy a decir frases y tú las repites después. Si me equivoco en algo, me lo dices y rectificamos.

Él cierra y vuelve a abrir los ojos. Yo enumero uno tras otro los hechos que me acaba de contar, le hago desahogarse y que repita cada una de mis palabras. A veces, añade incluso alguna frase por su cuenta, pero ello no interrumpe el proceso, al contrario.

A continuación, entro en la segunda fase, la de la aceptación y el perdón. Pronuncio las palabras lentamente para que él las integre a conciencia.

—Mis padres hicieron lo que pudieron, con el amor que recibieron y sobre todo con el que no recibieron. Los perdono por haber actuado mal conmigo. Ahora deseo estar en paz con ellos.

Sus ojos se empañan por las lágrimas.

—Es verdad —susurra—. Mis padres hicieron lo que pudieron, creyendo que lo estaban haciendo bien.

Para terminar, le pregunto si tiene ganas de pedir perdón a alguien. Él cierra los ojos de nuevo. A pesar de su enorme cansancio, murmura su petición. Es ahí, en la cúspide de su angustia, donde mi padre me parece ser más fuerte. Qué valor avanzar así a los setenta y siete años, con el corazón al descubierto. Siento la inmensidad de su amor. En el momento en el que lo abrazo para decirle lo mucho que lo quiero, Stéphane y mi madre entran en la habitación.

—Es increíble, te ha cambiado la cara —exclama mi madre.

Y tiene razón. Sus mejillas se han tornado algo rosadas. Parece apaciguado. Un interno y una enfermera jefe entran. Nosotros salimos confiados.

Mi padre abandonó los cuidados intensivos al día siguiente por la mañana. Al cabo de tres días, ya había dejado el servicio de cirugía cardiovascular y recuperaba fuerzas en una habitación normal de planta. Las enfermeras no cesaban de repetir que «se necesita un mes largo para recuperarse de una neumonía grave». Quince días más tarde, él mismo conducía el coche que los llevaría a él y a mi madre a su casa, a doscientos treinta kilómetros de distancia.

Gracias a mi padre, experimenté el tremendo poder del perdón. Al perdonar, las células de su cuerpo se reconectaron a la memoria embrionaria —esa energía de crecimiento exponencial— y la vida comenzó a circular de nuevo en su cuerpo. Estoy infinitamente agradecida a mi padre por esta lección, una de las más reveladoras que he experimentado. Es una gran enseñanza que ha transformado mi vida.

Imbuida en esta nueva conciencia del perdón, hice los protocolos con todas aquellas personas con las que estuve en conflicto y aquellas que me hicieron sufrir tanto. Al pedir amor o paz entre nosotros, reflexioné sobre la energía del perdón. Me tomé mi tiempo para sentir cómo me invadía y lloré de alegría. Me liberé de un resto de cólera que no sospechaba que me quedaba. Me sentí aún más liviana.

- *Perdonar no es únicamente la manera de prevenir el mal karma, se trata de la herramienta suprema de sanación, un torrente de renovación capaz de desintegrar antiguas situaciones duras y enfermedades graves.*
- *Al realizar los protocolos, nuestra mentalidad se modifica. Los rencores se alejan y el perdón entra en nosotros un poco más cada día. Al repetir los protocolos, la energía con la cual el mensaje de alma a alma opera difiere y los beneficios son mayores.*

TÓMATE TU TIEMPO

También he vivido el poder del perdón a través de otras experiencias, todas muy intensas y que me han demostrado la importancia de darse tiempo. Un día, un amigo me preguntó si podía ayudar a uno de sus compañeros de trabajo que tenía un grave problema de **espalda**. Tras una difícil operación de columna, tenía un ochenta por ciento de posibilidades de acabar paralizado. Entrenador deportivo, Gabriel estaba cada más inmovilizado por el dolor. Según mis investigaciones, una **enfermedad grave** o invalidante nos obligaría a reconsiderar lo que está en juego en nuestras vidas, curar nuestras heridas, sacar secretos a la luz y sobre todo... perdonar.

EL PODER SECRETO DEL PERDÓN

Lo llamé para que hiciéramos el trabajo juntos. Rápidamente, *percibí* su herida mayor... y en vista del carácter urgente de la situación, fui directa al grano y le mencioné un sufrimiento relacionado con una traición relativa a su padre.

—Para nada —dijo ofendido—. No le he visto desde hace veinte años.

Como sí nada, yo añadí:

—Sabes, me he enterado de que los hermanos y hermanas, al igual que los gemelos...

Pero no tuve tiempo ni de terminar la frase porque se echó a llorar. Me explicó que había descubierto recientemente que su padre tenía un hermano gemelo, que este había seducido a la prometida de su padre y que se habían casado. Una enorme traición. Su padre se casó por despecho con otra mujer y tuvo un hijo del que nunca se ocupó, lo que Gabriel había vivido a su vez como una traición.

Para conducirlo por el camino de su liberación emocional, le hice darse cuenta de que su padre había estado obnubilado por su propio sufrimiento, razón por la cual ignoró a su hijo y a su mujer. Gabriel me dio la razón. Tras la cólera y el odio, le había invadido la culpa de no haber hablado con su padre desde hacía veinte años. Por otro lado, si ya no podía moverse era porque tenía la capacidad (o la obligación) de parar para ocuparse de su herida de traición, y puede que al mismo tiempo la de su padre.

Le indiqué cómo debía limpiar la carga transgeneracional así como su culpa precisando que el objetivo esencial de este proceso de liberación era el de perdonar. Tres meses más tarde su situación empezó a mejorar. La operación que siguió salió bien y él completó su toma de conciencia con sesiones de EFT (terapias cortas de gestión de traumas) al tiempo que trabajaba sobre él mismo. Tres años más tarde se sentía al fin tranquilo y caminaba normalmente.

149

Cuando pienso en mi doble hernia discal, desde el primer día en el que mi cuerpo se retorció de dolor hasta el día en el que fui capaz de empezar a perdonar, habían pasado cuatro años. Puede parecer largo, pero en la escala de la vida, no es nada. ¡Así que paciencia! Vale la pena. Y además para avanzar, es importante constatar las mejoras. Si no las hay, es porque no has encontrado el origen del problema o bien hay otros mensajes que deben salir a la luz. Pregúntate a ti mismo si tu intención es verdaderamente sincera. Puede que tu odio y tu cólera sean demasiado grandes como para dejarte avanzar. Quizás no es el momento adecuado. Date tiempo y relee estas líneas más adelante. El perdón requiere un proceso lento.

 • *Animo a pedir perdón a nuestros hijos por los errores cometidos. «Puede que te haya hecho daño con mis torpezas, mi cólera y mi sufrimiento, y por tanto te pido perdón». Puede pedirse perdón con el pensamiento o de forma oral cuando la situación lo permita.*

CÓMO SABER SI HEMOS PERDONADO

A veces estamos tentados de afirmar que ¡por supuesto que hemos perdonado! Para saber si es realmente el caso, centrémonos en la manera en la que hablamos de aquel o aquella al que creemos haber perdonado. Si seguimos calificándolo con insultos, eso significa que el perdón está aún lejos. Pero entonces, ¿cómo saber si realmente hemos perdonado? La señal está clara cuando somos capaces de constatar el beneficio que estas situaciones nos han generado. Hemos evolucionado gracias a aquellos que nos las han hecho vivir. ¿Podríamos darles las gracias? Si hoy en día no somos capaces... no tiene ninguna importancia. La vida es un largo camino y el futuro será sin duda distinto... Si nos encontramos en paz y el otro continúa en pie de guerra y no percibe nuestros cambios, consideremos que se trata finalmente de un problema suyo, no nuestro. No estamos obligados a avanzar al mismo ritmo. En ese caso, es recomendable perdonar y agradecer únicamente con el pensamiento.

Y si el perdón hoy te parece impensable, no te preocupes. Los distintos protocolos te ayudarán, tal y como lo demuestra este ejemplo. Un día conocí a Martine en uno de mis talleres. Tenía un profundo resentimiento en contra de su madre: «¿Por qué me acosó a mí y no a mis hermanos?», exclamaba. Al explicarle los procesos de dependencia, descubrió que su madre se *nutría* de su energía. Le pregunté si su madre había vivido un drama que la hubiera *vaciado*, *disociado*. «Una violación», me contestó. Le expliqué que desde entonces, su madre buscaba colmar ese vacío *vampirizándola*, al ser la energía de su hija la que *ella prefería*. Martine se evadió de repente de su posición de víctima, sorprendida de ver los acontecimientos desde este otro ángulo. Hizo la reconstrucción del alma (protocolo seis) y después cortó los lazos de sufrimiento (protocolo ocho) con su madre una primera vez. La segunda vez, me escribió que había empezado a plantearse el perdón, imposible hasta hacía todavía poco tiempo, y que la maldad de su madre ya no le afectaba.

¿A quién debemos perdonar antes? Las primeras personas son nuestros padres porque nuestra alma los eligió antes de encarnarse. Existen numerosas familias en las que uno de los padres ha abusado de su hijo, o en las que su maldad, violencia o influencia han creado traumas. La deflagración interior y mental es a veces demasiado importante como para plantearse el perdón, mucho menos aún para dar las gracias. Y por tanto, sin perdón nos alejamos de aquello que nuestra alma ha venido a buscar en esta vida: sanar gracias a las situaciones duras. No nos culpabilicemos, un día lo conseguiremos. Al alejar nuestro sufrimiento, veremos todo desde la distancia y poco a poco nuestros pasos nos guiarán hacia la finalidad: ese perdón a nosotros mismos y a los demás que es el garante de nuestra paz.

 • *Toda situación, incluso las más difíciles (guerra, asesinato, violación, discapacidad, abandono, divorcio, muerte, acoso…), es la manifestación de varias heridas que nuestra alma ha elegido experimentar. Perdonar significa comprender que una situación de ese tipo nos da la oportunidad de acoger a la nueva persona en la que nos vamos a convertir.*

• *Hemos perdonado realmente cuando las artimañas del otro ya no nos afectan. Es un no acontecimiento. Nos hace sonreír, no nos enfada. Es su problema. Sabemos que hemos perdonado cuando podemos decir GRACIAS por aquello que el otro nos ha hecho padecer. No perdonamos para complacer al otro, lo hacemos por nosotros, por nuestra alma, con el fin de dejar de sufrir y, si hace falta, con el fin de sanar.*

Lo has entendido, cada situación ofrece la posibilidad de transformación, es un camino de iniciación, casi alquimia. La piedra filosofal permitiría transformar el plomo en oro. Gracias al perdón, creamos la manera de transmutar aquello que nos vuelve *plomizos* en *oro* interior. ¡Todo un renacimiento!

Estos primeros capítulos son una invitación a un viaje interior. En las páginas siguientes, los protocolos son independientes unos de otros. Encontrar ayuda en el mundo invisible, alejar nuestros miedos, ayudar a un familiar, potenciar nuestra intuición, limpiar nuestra casa, hacer frente a un duelo, atenuar las quemaduras[*] son técnicas que generosos médiums, sanadores, geobiólogos, chamanes y terapeutas han querido compartir conmigo. Estas técnicas hacen que nuestra vida sea aún más bella.

---

[*] N. de la T.: Ver nota en la página 214.

TERCERA PARTE

Tu cuaderno de salud emocional

CAPÍTULO 14

Nunca más solo

Qué alegría concebir los altibajos de la vida como etapas necesarias hacia futuros beneficios. ¿Esta filosofía de vida no te trae una especie de ligereza? La limpieza emocional que has llevado a cabo ha llegado al núcleo de tus células, te has reconstruido y has recuperado tu energía. Ha habido reconciliaciones. Has empezado a perdonar. Te sorprendes al encontrar la vida más ligera: desde ahora, todo es posible. Con el fin de cultivar esta nueva forma de ver el futuro, continuemos nuestro camino con prácticas que hagan la vida más bella. Las técnicas que siguen a continuación constituyen una especie de cuaderno de mantenimiento diario, una manera de ganar serenidad y alegría.

CÓMO ENCONTRAR TU GUÍA

Empecemos por nuestros «guías». Todos tendríamos varios guías que nos acompañan, dispuestos a ayudar, a condición de no dudar en llamarlos. Al contrario que con los ángeles guardianes, a los guías hay que llamarlos realmente para poder beneficiarse de su apoyo.

Su presencia se manifiesta en forma de «golpe de suerte» cuando les pedimos ayuda. Puede tratarse de un guía familiar (un difunto de nuestra familia), de un guía espiritual (un difunto relacionado con nuestro trabajo o pasión) o un guía universal (un difunto capaz de guiar a varias personas a la vez). A los guías se los llama de diferentes maneras: «seres de luz», «animal tótem», «fuente»... o incluso «universo». En China se denominan «noble celeste». Sea cual sea el nombre que le demos, es nuestro consejero personal y podemos solicitarlo en voz alta como si de un amigo se tratara. No olvides que si no lo llamas, tu guía no intervendrá por propia iniciativa. En mi caso, tomé conciencia de este aliado invisible gracias a mi hijo, que tenía cinco años en aquella época.

Durante mis primeros años de vida pensaba, como muchos, que estábamos solos, confrontados a nosotros mismos en el momento de tomar decisiones importantes. Si me sucedía algo positivo, estaba convencida de que se debía a mi fuerza de voluntad. Pero me equivocaba. Ese día en cuestión, mi hijo estaba jugando en el salón. De repente, se puso a buscar un pequeño objeto que acababa de perder... y se agachó para mirar debajo de un mueble, lo recuperó, se levantó y dirigiéndose hacia una ventana dijo «gracias» mirando a las nubes. Después se volvió a sentar como si nada. Cuando le pregunté, comprendí que estaba claro que *lo habían* ayudado a encontrar el objeto. Pero ¿quién lo había podido ayudar? Al preguntarle, mi hijo tendió un dedo hacia el cielo y me dijo «ellos». Nada más. En ese instante mi cartesianismo estalló por los aires al tiempo que me venían a la cabeza recuerdos de mi propia infancia, en la casa de mi abuelo sanador donde pasé algunos veranos con mis padres y hermanas.

La puerta de entrada de su casa era en parte de vidrio opaco y estaba reforzada con hierro forjado. De ella salía un largo pasillo en cuyo extremo se situaba una habitación un tanto enigmática —el despacho—, en la que nadie podía entrar sin permiso del patriarca. Mis abuelos eran oficialmente peluqueros, pero él se dedicaba todas las tardes al biomagnetismo. Era un oficio que había venido naturalmente hasta él y que practicaba desde que tenía dieciocho años. Todo el mundo lo llamaba «el curandero», y los que lo consultaban venían de todas partes de Francia con la esperanza de que los curase. Las paredes de su despacho estaban cubiertas de escritos de aquellos a los que había curado: una culebrilla (herpes zóster), un esguince, una infección... Todos los comentarios señalaban que la cura había sido excepcional e inesperada. «Le debo la vida» era bastante común.

Mi abuelo llevaba de lunes a domingo su eterno uniforme, traje y corbata negros. Si mi madre sospechaba que alguna de nosotras habíamos contraído alguna afección, entonces pasaba sus varitas de brujo en forma de «V» delante de la niña en cuestión. Si las ramas de avellano se quedaban inmóviles, decía: «Está bien», y la niña se podía ir. Una vez, tras pasar las varitas delante de mí, afirmó: «A ti te duele la garganta...». Yo asentí con la cabeza. «¿Por qué no le has dicho nada a tu madre?». Murmuré sin convicción que no tenía importancia, que no me dolía mucho. Sobre todo quería evitar que me aplicara una cataplasma hecha por él, una especie de pasta marrón que hacía verter sobre algodón con el calor de una vela y que luego me ponía en el cuello con ayuda de un esparadrapo blanco bien visible. En casa, cuando tenía una traqueítis, mi madre me daba una medicina, jarabe o pastillas... Yo prefería este tipo de remedio. Podría haber estado orgullosa de llevar algo «mágico», pero no quería correr el riesgo de que la gente me mirara por la calle. Sin embargo, incluso haciéndolo a regañadientes, debía admitir que mis dolores de garganta desaparecían mucho antes que con las medicinas.

Las manos de mi abuelo ardían durante sus sesiones. Él decía que tenía el *fluido*. Me acordé también de las cajas de melocotones, las nueces, los tomates, los pollos y los patés que recibía de aquellos que no tenían para pagarle la sesión. También me vinieron a la mente las conversaciones en las que la gente del pueblo se dirigía a mis padres, explicándoles cómo mi abuelo les había aliviado de alguna enfermedad ante la cual la medicina de la época no había podido hacer nada. Pero todas estas confidencias se hacían en voz baja, agarrando la muñeca del otro, y a veces, cuando se trataba de un niño, surgían lágrimas en los ojos.

Entonces tomé conciencia de que lo invisible, todo aquello que me parecía normal hasta ese momento, no podía ser proclamado. Varitas de brujo, un péndulo o el biomagnetismo... todo aquello que no pudiera ser explicado por la ciencia pertenecía al orden de lo «extraño». Mucha gente desconfiaba por miedo. Algunos reconocían al menos que no se podía explicar todo por medio de razonamientos científicos, otros pensaban que el misterio tenía su sitio en nuestras vidas como lo tenía el amor y luego estaban a los que les daba igual el cómo o el porqué y se atenían únicamente a los resultados. Por otro lado, los gendarmes venían a menudo a ver a mi abuelo para que encontrara a personas desaparecidas o a aquellas a las que se había llevado el río, muertas por hidrocución. Mi abuelo pedía que le dejaran algo que había pertenecido a la persona, un cepillo de dientes, un jersey, y luego llevaba a cabo sus investigaciones en su despacho, delante de un mapa del ejército. Señalaba con el dedo allí donde el péndulo se había parado. Siempre encontraban los cadáveres. Mi abuelo utilizó su don durante cincuenta y siete años.

A su muerte, descubrí a mi maravillosa abuela, y ella se convirtió en mi prioridad. Teníamos que recuperar tanto tiempo... Los fenómenos inexplicables salieron pues de mi vida. Como para tranquilizarme, mis primeros artículos como periodista trataban sobre la capacidad de absorción de formaldehídos y tricloroetilenos por parte de las plantas, el calentamiento global o los disruptores endocrinos... Y después bastaron tan solo unas cuantas palabras enigmáticas de mi hijo para acordarme de que era nieta de un sanador. Empecé a leer los libros que habían alimentado el don de mi abuelo. Es así como descubrí la existencia de los guías, una ayuda invisible e infinita.

Aprendamos juntos a entrar en contacto con ellos. Acuérdate de que a un guía únicamente se lo llama si se lo necesita.

Protocolo 10
Entrar en contacto con tu guía

1. Hazte con una vela blanca (es el color más próximo a la luz) y una cerilla (es de único uso y como se trata de un trabajo de intención, así no se trabaja con la energía de otros).

2. Di en voz alta: «Estimado guía, estoy feliz de ponerme en contacto contigo. Te agradezco la ayuda que me aportarás». También puedes pronunciar una frase equivalente, lo importante es ser espontáneo.

3. Enciende la vela.

4. El contacto se ha establecido. Ahora puedes dirigirte a él. Puedes preguntarle lo que quieras.

5. Si buscas un terapeuta, déjate guiar por este nuevo aliado. Di en voz alta: «Gracias, querido guía [o gracias universo], por poner en mi camino la semana que viene [es importante que sea dentro de poco tiempo para que puedas estar seguro de que la ayuda proviene de él] la persona que me ayudará a resolver mi problema de .... [sé específico]». Hazlo con mucha intención.

6. Cuando vayas a salir de la estancia, apaga la vela y agradece a tu guía.

Si durante los próximos siete días te hablan de un terapeuta en el cual no habías pensado, ¡ve corriendo! Tu guía te lo ha enviado.

No siempre es necesario encender una vela. Se trata simplemente de una manera de ritualizar el momento. En mi caso, a veces enciendo una vela sin hacer ninguna petición y digo: «Es para ti, querido guía». De igual forma, cada vez que una buena idea se me presenta, he tomado la costumbre de agradecerle que me la haya susurrado al oído. Los niños son muy receptivos a estas energías sutiles y conciben de manera natural que pidamos ayuda al universo. En cuanto mi hijo, desde bien pequeño, me veía encender una vela, decía: «Espera, vamos a poner *la intención*». Ha escuchado tantas veces preguntarle: «¿Qué intención ponemos?», que el término se ha quedado tal cual.

PIDE LO IMPOSIBLE

Puedes pedir cualquier cosa a tu guía: que te ayude a saber con quién debes hacer tal o cual protocolo (pidiéndole que te lo aclare a través de tus sueños) o a tomar una decisión, que te asista a la hora de encontrar a la persona ideal para hacerte una obra, que te envíe nuevos clientes, que te dé fuerza... Solicítalo en todo momento y no te olvides de darle las gracias.

Una vez, durante un viaje en tren, conocí a Laurent, comediante, y entablamos conversación. Él estaba buscando un piso porque acababa de romper con su pareja. Al trabajar en el mundo del espectáculo, no tenía un trabajo fijo, así que su perfil, por desgracia, siempre echaba para atrás a los arrendadores. Le expliqué cómo podía llamar a su guía. Me dijo que lo intentaría pero utilizando el término *universo*, que le parecía más apropiado, y me prometió mantenerme informada. He aquí el mensaje que me envió tres semanas más tarde: «Hola, Natacha, un mensajillo para tenerte al tanto de mis avances... Se me había olvidado por completo hacer el pequeño ritual dirigido al universo y, en vistas de que la búsqueda era cada vez más laboriosa, hice una petición anteayer por la mañana... Una hora más tarde, me llamaban para decirme que mi solicitud había sido aceptada. Ya ves... He firmado el contrato hoy mismo, me mudo el día treinta. Quería compartir mi alegría contigo».

¡Una hora más tarde! ¿Por qué privarse de esta ayuda?

- *Como puedes pedirle cualquier cosa, no dudes en solicitar a tu guía para encontrar un buen terapeuta, aquel que aliviará tus síntomas o aquel que te ayudará a tomar conciencia de lo que has vivido emocionalmente hablando. A todos aquellos que estén tentados de ponerse en contacto conmigo para conseguir los datos de un buen profesional les diría: «¡Preguntadle a vuestro guía!». Tu cuerpo está esperando, deseando establecer esa conexión sutil. Este tipo de trabajo es personal y solo depende de ti. Los resultados no pueden ser sino mejores.*

¿Y SI NADA OCURRE?

¿Qué es lo que hemos hecho para conseguirlo? Está claro que si Laurent no hubiera echado varias solicitudes, no habría funcionado. «Ayúdate y el cielo te ayudará», dice el refrán. Y si a pesar de tus actos y tu intención, sigue sin pasar nada, eso significa quizás que:

- No es el momento adecuado para ti, no estás listo.
- Has formulado mal la petición.
- No es el momento adecuado para la otra persona implicada.

- Tu evolución debe pasar antes por una situación difícil, complicada, con el fin de que puedas entender algo esencial.

 • *Un fracaso es también un mensaje oculto de tu guía.*

Recuerda, hizo falta que me encontrara en el paro y sin recursos durante casi dieciocho meses para que la oficina de empleo me convocara a una entrevista y que yo descubriera la existencia de cursos de la escuela de cine de Luc Besson... donde he impartido clases durante cuatro años. Sin una situación difícil (el paro), nunca hubiera tenido esa oportunidad.

Ten también en cuenta que no hace falta que nombres a tus guías para llamarlos. Pero si necesitas elementos tangibles, si tener un nombre te reconforta, te invito a seguir el protocolo siguiente. He elaborado este ritual a partir de una técnica que me ha sido generosamente confiada por la vidente Maud Kristen.

Protocolo 11
Encontrar el nombre de tu guía

1. Ponte delante de una estantería de libros (puede ser en tu casa o en una biblioteca pública).
2. Di en voz alta: **«Te agradezco, guía mío, que me hagas saber tu nombre»**. Si no pronuncias esta frase nada sucederá.
3. Cierra los ojos (¡muy importante!) y toma un libro al azar.
4. Con los ojos aún cerrados, abre el libro y pon los dos pulgares en el interior, no importa dónde, pensando en el nombre que descubrirás.

5. Abre los ojos, fíjate primero en donde se ha quedado tu pulgar izquierdo, y luego el derecho. Si tu intención era clara, verás un nombre bajo uno de los dos pulgares. Ese es tu guía. Lo sabrás intuitivamente. Si no hay ningún nombre bajo los pulgares, lee la página de la izquierda y luego la de la derecha. El primer nombre que aparezca es el nombre de tu guía. Si no hay ningún nombre en ninguna de las dos páginas elegidas al azar, fíjate en si lo que está escrito te recuerda a un difunto de tu familia.

6. Si el nombre que sale no te evoca a nadie de tu familia, tranquilo: se trata del nombre de tu **guía espiritual** o de tu **guía universal**. El **guía familiar** es el único que se llama como alguien que tú conoces.

De nada sirve hacer este protocolo varias veces. Sería como decirle a tu guía que no lo crees. Encontrar a tu guía no es un juego, respetemos ese momento sagrado.

He realizado este experimento con amigos. Sin embargo, durante nuestra sesión, uno de ellos cayó en páginas donde no había ningún nombre. Le pedí que me describiera el contenido de los pasajes en cuestión. Era la historia de un anciano que daba la vuelta al mundo en velero con su nieto. De repente, muy emocionado, mi amigo me explicó que su difunto abuelo lo había llevado en su velero cuando era niño y que ese hombre significaba mucho para él. Su abuelo era pues, sin lugar a dudas, uno de sus guías. La terapeuta Stéphanie Crébassa, que participó en uno de mis talleres, también puso en práctica este protocolo: bajo su pulgar izquierdo estaba escrito «Carl Gustav Jung», y bajo el pulgar derecho ponía «el nombre olvidado». Me preguntó cómo interpretar esto. Su guía no era Jung pero estaba claro que se llamaba Carl o Gustav. ¿Cómo elegir entonces? *Por suerte*, a la derecha ponía «el nombre olvidado». Carl es más frecuente que Gustav. El guía de Stéphanie se llamaba por tanto Gustave. Después de preguntar a su madre, se enteró de que uno de sus antepasados se llamaba así.

 • *Si te topas con un nombre del estilo de Jack el Destripador, no quiere decir que tu guía sea un asesino, significa que su nombre es Jack. Si el nombre que encuentras corresponde a alguno de tus parientes todavía vivos (un hijo, padre o madre), esa persona no es tu guía. Lo único que quiere decir es que tu guía se llama así.*

Compartí esta técnica durante la emisión *Beyond* [Más allá] que se puede encontrar en la página web INREES.TV* y que fue vista más de doscientas mil veces. Mucha gente me contó su *toma de contacto*. Incluso si a menudo el nombre no evoca nada conocido, sigue tratándose sin embargo de uno de nuestros guías. Otras veces el nombre tiene inmediatamente sentido, como en el caso de un tío fallecido o de una abuela que nos crio, lo que significa que ese difunto es uno de nuestros guías.

De entre todas las historias que me llegaron, la de Michèle me parece extraordinaria. Con los ojos cerrados, eligió un libro de medicina y lo abrió en la sección del oído interno. Bajo el pulgar izquierdo: *la trompa de Eustaquio*. ¡Eustaquio! Un nombre. Lo más increíble es que su madre solía llevarla cuando era pequeña a la iglesia de San Eustaquio en París y le decía que este santo la protegería

---

* N. de la T.: Web TV creada en Francia que investiga grandes cuestiones existenciales a través de programas, documentales, series y conferencias que invitan a pensar de forma diferente sobre el ser humano, la vida, la naturaleza, la conciencia, el mundo y el universo.

siempre. La madre de Michèle *sabía* de forma intuitiva que san Eustaquio era uno de los guías de su hija. ¿Qué probabilidad tenía Michèle de encontrar un nombre tan cargado de sentido para ella en un libro de medicina?

Ya conoces la identidad de tu guía. Sabes cómo entrar en contacto con él. A partir de ahora aprende a llamarlo si dudas en cuanto a una decisión que debas tomar.

Para terminar, me acuerdo de una historia que viví con Nicolas Lebettre, antiguo notario reconvertido en terapeuta, que me pidió que fuera a su región a impartir uno de mis talleres. Ese día asiste uno de sus amigos porque tiene graves problemas de salud... La situación es crítica, está en lista de espera para un trasplante de riñón. Al principio lo noto poco interesado en las técnicas que expongo. Un poco más tarde, explico la manera de encontrar el nombre de nuestro guía. Esa misma noche, por pura curiosidad, prueba el experimento. Los dos nombres que descubre lo dejan de piedra porque evocan el nombre compuesto de un difunto de su familia. Es toda una revelación. En ese momento, pues, se autoriza a creer e invoca al guía. ¡Al día siguiente por la noche lo llamaron del hospital para decirle que habían encontrado un riñón compatible!

Esta técnica es extraordinaria porque puede ayudar a los cartesianos a abrirse a lo invisible. Una vez que tengas la costumbre de comunicarte con tu guía, no te sentirás solo nunca más. Él está feliz de ayudarte. Hay que solicitar sus servicios con alegría y buen humor.

Tres métodos para tomar una decisión con la ayuda de tu guía

1. Di: «Gracias, estimado guía, por ayudarme a tomar una decisión relativa a esta situación [sé preciso]». Cierra los ojos, toma un libro, ábrelo al azar y pon encima los pulgares, siempre con los ojos cerrados. A continuación lee las líneas señaladas. Suelen ser en general bastante esclarecedoras.

2. También puedes solicitar a tu guía antes de acostarte de la siguiente manera: «Gracias, querido guía, por responder a esta pregunta [precísala] y ayudarme a aclararme a través de mis sueños». Por la mañana da las gracias a tu guía, incluso si no te acuerdas de lo que has soñado. Si la respuesta no está clara, vuelve a hacer lo mismo la noche siguiente, sin olvidar de darle las gracias por la mañana, hasta que la respuesta esté clara para ti.

3. Lo que también puedes hacer es escribir las posibilidades en trozos de papel, doblarlos, mezclarlos y decir: «Gracias, querido guía, por guiar mi mano hasta la opción correcta para .... [precisa tu objetivo]». Hazlo con una intención sincera. A continuación escoge un papel al azar, léelo y... no te olvides de darle las gracias.

CAPÍTULO 15

Vencer el miedo

¿**P**asas tanto tiempo preocupándote por los demás como por ti mismo? Por ejemplo, si estás en paro y te estás ocupando de alguien con problemas de salud y no tienes pensado volver a buscar trabajo, si tu relación de pareja se desmorona y sin embargo pasas tu tiempo ayudando a otra persona u ocupándote de ella, si te preocupas por el maltrato que sufre un allegado sin darte cuenta de que tú has vivido acontecimientos similares durante la infancia... Puede parecer sorprendente, pero fijarse en lo que no va bien en los demás (hijo, padre, cónyuge, amigo) es una forma de cerrar los ojos ante nuestras propias heridas. La ansiedad que sientes por ellos oculta tus propios miedos. En efecto, si estás obnubilado por los problemas de los demás pero no te ocupas de ti mismo, eso puede significar que su situación:

- Se asemeja a alguna de tus dificultades personales de la cual no tienes conciencia.
- Reactiva una herida emocional sobre la cual no consigues trabajar.
- Te permite no pensar en aquello que te da miedo.

Por consiguiente, es indispensable que trabajes tus miedos.

COMPRENDER TUS MIEDOS

Marie-Paule Jonathan, psicoterapeuta transgeneracional, me explicó que hay dos tipos de miedos: los legítimos y los irracionales.

- **Los miedos legítimos:** estos miedos están relacionados con tu situación personal. Por ejemplo, cuando tienes miedo de no tener bastante dinero, de ser criticado, de hacerle sombra a alguien, de decepcionar o no tener éxito. También cuando te preocupas por la salud de un familiar o porque no consigues ayudarlo. Igualmente entra dentro de esta clasificación el miedo a que te dejen o a vivir solo. Se trata de «pequeños temores».
- **Los miedos irracionales:** generados por nuestra mente, estos miedos camuflan miedos legítimos. Se trata incluso de su misión. Generalmente son miedos relacionados con la muerte (la nuestra, de nuestros hijos, nuestra pareja o nuestros padres) o con el hecho de volverse loco, discapacitado o inconsciente. Este tipo de miedos no se basan en nada en concreto (salvo si la persona en cuestión tiene mala salud o ya hemos perdido un hijo). No estamos hablando de una intuición ni de una premonición ya que corresponden a un miedo PANTALLA. Se trata de «grandes miedos».

Pongamos un ejemplo para entenderlo mejor. Si temes que te falte el dinero y al mismo tiempo tu gran miedo es perder a un familiar, a menudo sucede que estas ideas negras desaparecen en el momento en el que tus dificultades financieras se disipan. Este juego de camuflaje de nuestros miedos por parte de nuestra mente es a menudo bastante sutil, como lo demuestra este otro ejemplo: una joven no deja de repetir su exasperación al ver a su padre incapaz de cuestionarse a sí mismo. Este se niega a dejar el alcohol y el tabaco a pesar de sus graves problemas de salud. La situación la saca de sus casillas ya que teme que muera de forma prematura (su miedo pantalla es, pues, la muerte de su padre). En realidad, lo que le pasa es que está enfadada porque esta situación le hace revivir una herida: a ella le gustaría que su padre la escuchase, que se mejorara, que le diera las gracias y que le dijera que la quiere. Tiene miedo de que su padre nunca la tenga en consideración mientras esté vivo. También se siente transparente en su trabajo (su legítimo temor: «¿Cuándo verá la gente lo que valgo?»). Para resolver este problema de reconocimiento, podría considerar que *eligió* a este padre por sus defectos y lo que le hace vivir. En vez de incitarla a que cambie de actitud, ella podría limpiar los lazos de sufrimiento que le unen a él (mediante el protocolo siete) con el fin de tomar la distancia necesaria para considerar el perdón. Su padre se sorprendería de ver a su hija más serena. Mejor aún, se libraría de la culpa que lo carcome desde siempre ya que nota que su hija espera algo de él, y así dejaría de *castigarse* rechazando tomar medidas para mejorar su salud.

Conviene por lo tanto no esperar a encontrarse en dificultades para trabajar nuestros miedos. ¡Así que ha llegado el momento de identificarlos! Para ello, he aquí algunos ejemplos precisos que te ayudarán a descifrarlos.

CUANDO EL MIEDO CONCIERNE A NUESTROS HIJOS

La mayoría de los padres se preocupan por sus hijos. Todos deseamos que sean felices, que no sufran como lo hemos podido hacer nosotros, que se beneficien de nuestra experiencia y que de esta forma no malgasten el tiempo. ¡El mejor modo de lograrlo es darles ejemplo! Sin embargo, ¿acaso somos los más idóneos para dar consejos sobre el amor cuando nuestra vida sentimental se encuentra en punto muerto? ¿Acaso tenemos legitimidad para dar recomendaciones cuando nosotros somos incapaces de tomar una decisión? ¿Tenemos derecho a criticar a un niño que no hace aquello que es bueno para él (estudiar) cuando nosotros somos incapaces de hacer aquello que es bueno para nosotros (descansar)? ¿Acaso es legítimo querer ayudar a nuestro hijo si somos incapaces de ver nuestros propios bloqueos? Por todo ello es indispensable trabajar antes sobre uno mismo. Es especialmente importante darse cuenta de que nuestra *agenda* no es la de nuestros hijos. ¿Por qué ellos no tendrían derecho a cometer errores, a aprender de la vida y adquirir su propia experiencia? Permitir a un hijo equivocarse es darle toda la fuerza de cara al futuro, ofrecerle la oportunidad de que reconozca el error por su cuenta y que así pueda evitarlo.

El mal comportamiento de un hijo también puede ser la manera de tomar conciencia de nuestras heridas, como lo demuestra este ejemplo: una madre me contó un día que su hijo de quince años aprovechó que se quedó solo para dar una fiesta. Cuarenta adolescentes pusieron la casa patas arriba. Ella le gritó furiosa que no se podía confiar en él. En vez de disculparse, su hijo se quedó mudo, lo que la enojó aún más. Pero la pregunta que había que hacerse en realidad era por qué su hijo organizó la fiesta sin decirle nada. Ella está de acuerdo en que desde la separación de su marido su hijo parecía buscar la atención de sus amigos a modo de compensación. Así que estaba dispuesto a hacer cualquier cosa para colmar ese sentimiento de abandono. Al tomar conciencia de su propia herida de abandono, la madre se dio cuenta de que la historia se estaba reproduciendo. Lo que hizo por tanto fue trabajar su relación con sus padres poniendo en práctica el protocolo nueve, de consolación, e inmediatamente se sintió aliviada. Entonces se le ocurrió una idea para retomar la relación con su hijo: compró las chucherías que a él le encantaban y las escondió en el trayecto que iba de su casa al instituto: «Si te apetece compartir chucherías con tus amigos, las encontrarás en tal sitio». A su vuelta a casa, su hijo la abrazó fuerte y le pidió perdón. Al descubrir su herida común (en este caso el abandono), ella reinterpretó los hechos y entendió el motivo (lucirse delante de sus amigos) que se escondía tras la actitud de su hijo.

- *En ningún caso debemos hablar a nuestro hijo de nuestra herida común. Lo que haremos es trabajar sobre nosotros mismos; esto tendrá forzosamente un efecto positivo en él o ella. Le hablaremos únicamente si una vez adulto decide trabajar ese punto y nos hace preguntas.*

CUANDO NUESTROS MIEDOS AFECTAN A LA SALUD DE UN FAMILIAR

Una de mis amigas es una joven abuela. Está asustadísima porque su nieto de tan solo unos meses no deja de regurgitar. Tanto ella como su hija están preocupadas porque temen que el bebé se deshidrate. Se van a urgencias. Al preguntarle sobre su familia y su pasado, me entero de que la abuela de mi amiga perdió una niña, que ella pasó sus primeros años en el hospital a causa de graves enfermedades y que también fue el caso de su hija. ¡Hacía tres generaciones que las madres de la familia temían perder a un hijo! Propuse entonces a su hija que se dirigiera a su bebé con cariño y determinación y le dijera lo siguiente: «Regurgitas porque notas mis miedos. No son tus miedos, son los míos y los de otras mujeres de la familia. Te libero de esos miedos. Estate tranquilo, todo irá bien a partir de ahora». Una hora más tarde, mi amiga me llamó para decirme que su nieto había bebido por primera vez sin regurgitar nada y que ya se habían ido del hospital.

- *Nuestros hijos son espejos. Se impregnan de nuestros miedos y los reproducen. Cada vez que te preocupes por tu hijo, busca aquello que resuena en ti. Si es violento, ¿quién ha sido violento contigo? Han agredido a tu hija, ¿quién te agredió durante tu infancia? (haz los protocolos cinco y seis con las personas implicadas, pero no con tu hijo/a). Si tu hijo está enfermo, ¿qué emoción asocias a lo que está viviendo? Haz el protocolo cinco seguido del siete con todas las personas de la familia que han vivido esa emoción. **Trabajar en uno mismo es la mejor manera de ayudar a un hijo**.*
- *Si limpiamos los lazos de sufrimiento (protocolo siete) con la persona cuyo miedo estamos reproduciendo, este dejará de afectar a nuestra familia.*

CUANDO NUESTROS MIEDOS PERTURBAN LA VIDA SENTIMENTAL Y FINANCIERA DE UN FAMILIAR

Nicole es la vecina de una amiga mía. Un día me llama convencida de que alguien le ha hecho magia negra a su hija. Me explica que su hija no para de enamorarse de hombres que acaban por dejarla, que ha vendido su piso por debajo del precio de mercado y que la han engañado en el precio de su coche de segunda mano. En lo que respecta a su vida sentimental, mi intuición me dice que el problema es una especie de fidelidad a las situaciones difíciles que ha tenido que afrontar su padre... Y le pregunto si este tuvo grandes penas de amor. Ella me responde que se divorciaron hace veinte años y que él nunca lo superó. Entonces le recomiendo que le explique a su hija cómo limpiar los lazos de sufrimiento con su padre (protocolo siete) sin olvidarse de precisar que lo quiere mucho pero que no puede continuar cargando con sus fracasos sentimentales. Después le pregunto a Nicole cuál es su relación con el dinero. «Me obsesiona, me ha faltado tanto...». Nicole ha transformado su *miedo a que le falte dinero* en *miedo a que a su hija le falte dinero*. Ni rastro de magia negra, únicamente una proyección inconsciente de sus miedos. Si trabajara este miedo, aliviaría el calvario de su hija. Lo ideal sería que su hija limpiara también los lazos de sufrimiento que tiene con su madre afirmando que ese miedo de que le falte el dinero no le pertenece y que quiere dejar de cargar con él.

 • *No olvidemos que toda situación difícil es un regalo camuflado: representa la oportunidad de curar nuestras heridas o aquellas heredadas de nuestros familiares.*

CUANDO NUESTROS MIEDOS AFECTAN A NUESTRA SALUD

Noémie tiene una madre manipuladora. Su padre falleció muy joven de un cáncer y ella piensa que él se dejó morir a fuerza de ser acosado por esa esposa tiránica. Durante un examen rutinario de senos, varias manchas oscuras en la mamografía incitan al médico a pedir que se le haga una biopsia, que se programa a su vuelta de vacaciones. Noémie me confía entonces que tiene miedo de morir joven a causa de los horrores que le ha hecho vivir su madre. Le recomiendo que corte los lazos de sufrimiento con su madre (protocolo ocho) para que sus artimañas dejen de afectarle. También le aconsejo que limpie los lazos con su padre (protocolo siete) para que su alma vaya hacia la luz. Cuando se hizo la biopsia no le encontraron nada anormal y las manchas oscuras habían desaparecido.

 • *A través de la enfermedad, nuestro cuerpo nos llama la atención sobre temores que somos capaces de eliminar. En paralelo a los diferentes protocolos que podemos utilizar, una forma de trabajar nuestros miedos es recurriendo a un especialista de las emociones, el EFT, el EMDR, la hipnosis, la sofrología, la psicobioacupresión* y muchas otras terapias.*

Un día vi en Facebook un mensaje de una terapeuta preocupada por uno de sus pacientes al que debían intervenir quirúrgicamente. La terapeuta en cuestión lanzaba un mensaje «a todas las almas generosas para que enviaran ondas positivas al joven». Hacer esto constituye un grave error porque ignoramos quién va a leer el mensaje. Alguien que ha perdido un hijo puede tener de forma *inconsciente* sentimientos negativos hacia la persona por el simple hecho de vivir. De este modo, la energía que recibirá no será positiva. Lo mismo sucede cuando alguien tiene cáncer o sufre de una enfermedad grave. A veces he visto en redes sociales un «llamamiento a la energía de todos con el fin de ayudar a este enfermo». ¡Lo que

---

* N. de la T.: También llamada PBA. Es una técnica desarrollada por el doctor Pierre Delatte (acupuntor) en la década de los noventa que permite gestionar las emociones y eliminar los bloqueos emocionales. Consiste en estimular simultáneamente cinco puntos de acupresión que dibujarán en el cuerpo un circuito impreso que será específico para la emoción que se quiera controlar.

no sabemos es qué células van a recibir esa energía!: ¿las cancerosas o las que curan?

ENCONTRARSE AL FIN SERENO PARA CON NUESTROS ALLEGADOS

- *No se puede realizar un protocolo para otra persona que no sea uno mismo ya que no tenemos acceso a su alma. No se debe nunca forzar a hacer estos protocolos a jóvenes de menos de veinte o veintidós años (ya que su conciencia no está aún lista y ello podría perjudicarlos), como tampoco se debe forzar a nadie a abrir los ojos ya que puede que no esté preparado para integrar ciertos acontecimientos difíciles.*
- *Aun así, siempre podemos pedir a nuestro guía que susurre a la oreja del guía de la persona por la cual estamos preocupados. Si es el momento, la situación evolucionará.*

El hermano de una de mis amigas había desaparecido. Se sentía deprimido desde el fallecimiento de su mujer y estaba criando como podía a sus dos hijos adolescentes. Desde hacía poco se había involucrado en un nuevo trabajo para ayudar a los pobres. Un día había quedado con su hermana para comer, pero las horas pasaban y no hacía acto de presencia. Treinta y cuatro horas más tarde, ella seguía sin noticias. Sin embargo, no había habido constancia de ningún accidente. La policía había patrullado sin éxito. Mi amiga me llamó muy preocupada. Para encontrarlo, le propuse que encendiera una vela y que entrara en contacto con su guía para pedirle que hablara al guía de su hermano y le susurrara a su alma: «Sean cuales sean tu culpa, tu hastío y tu desesperación, existe una solución. Lo que haces por la gente sin techo es fabuloso, puedes estar orgulloso de ti. Ten confianza, te queremos». ¡Encontraron a su hermano tan solo una hora más tarde! Había tenido un accidente en una carretera tortuosa que atravesaba un bosque, lo que hasta ese momento había imposibilitado la localización de su coche. Herido de gravedad, recobró el conocimiento de repente y encontró su teléfono móvil, por lo que pudo pedir ayuda a los servicios de emergencia. Como consecuencia de los graves problemas que tenía con su hija y no sintiéndose capaz de hacer frente a las dificultades, el accidente era sin duda alguna una forma de renuncia. El mensaje que le transmitió su hermana, de guía a guía y por tanto de alma a alma, le permitió volver a creer en la vida. En otras palabras, mi amiga le salvó la vida a su hermano.

 • *Una situación difícil es la manera que tiene el universo de hacernos comprender que todos estamos conectados. Cada vez que criticamos a un familiar o nos preocupamos por él, seamos humildes y pensemos que es en realidad un espejo. Para ayudar a nuestros familiares tenemos primero que reconfortarnos a nosotros mismos. Si la actitud de un allegado nos saca de quicio, acordémonos de que atraemos a personas y situaciones que designan nuestras propias heridas. Al liberarnos, generaremos serenidad en todos los aspectos.*

Protocolo 12
Identificar y eliminar nuestros miedos

1. ¿Prefieres ayudar a los demás antes que ayudarte a ti mismo? Esta actitud está enmascarando tus propios miedos (y una antigua herida).

2. Separa tus miedos irracionales (muerte, incapacidad o locura) de tus miedos legítimos (ligados a tu situación personal).

3. Dirígete en voz alta a tu «gran miedo» irracional: «Hasta el momento ocultabas mis otros temores pero ya no te necesito. Voy a trabajar las heridas del pasado y no quiero ningún obstáculo que me lo impida. Te puedes ir». Háblale de forma amable, sin enfadarte.

4. Fíjate en tus miedos legítimos e intenta encontrar la herida que surge de continuo. Pídele a tu guía que te ayude a través de tus sueños o que te permita encontrar a un buen terapeuta que te haga entender tus bloqueos. Haz el protocolo 7 para limpiar los lazos de sufrimiento si se trata de una herida que se repite a causa de uno de tus progenitores. Haz el protocolo 9 si tu herida está relacionada con la culpa.

5. Dirígete a tus miedos legítimos en voz alta: «Miedo de/a .... [nómbralo], puedes irte, he entendido que estoy reviviendo mi herida de [abandono, injusticia, traición...]. Voy a hacer lo necesario para curarla».

6. A continuación visualiza que lanzas tus miedos a las nubes, al mar o al viento.

7. Escribe cada día tres hechos o acontecimientos que te hayan aportado alegría, placer o felicidad. Por ejemplo, el simple hecho de haber dormido bien, de haber comido las primeras

cerezas de temporada, de haberte encontrado con un amigo...
Ayuda a que tu mente se focalice sobre todo aquello que te
alienta. Si compartes este pequeño ritual con otra persona, ello
te ayudará a encontrar fácilmente esos tres momentos de felicidad y será todavía más eficaz.

CAPÍTULO 16

La importancia del entorno

UN PRECIOSO ALIADO

En Occidente se suele decir que «el que quiere puede». El hombre y su voluntad se sitúan en el centro de todo. Sin embargo, en Oriente ocurre todo lo contrario. Marie-Pierre Dillenseger ha estudiado durante años las disciplinas energéticas chinas. Solicitada por grandes empresas como experta en nociones de espacio y tiempo, ha realizado varios estudios muy esclarecedores.[*] Me explicó que en China se considera que el éxito de una acción depende de nuestra astucia en un veinte por ciento, el lugar donde tomamos la decisión influye un treinta por ciento y el momento en el que actuamos, un cincuenta. Por otro lado, todos hemos notado que ya sea en el plano profesional, familiar o de la salud, el aspecto temporal nos parece ser más o menos favorable según los momentos (lo que solemos llamar un «buen» año o un «mal» año). Antes de tomar una decisión, Dillenseger

---

[*] N. de la A.: Ver, por ejemplo, *Oser s´accomplir. 12 clés pour être soi* [Atrévete a realizarte. 12 claves para ser tú mismo], Mama ediciones, 2019.

recomienda por tanto asociar nuestra determinación a la fuerza del lugar (nuestra casa o empresa) con el fin de equilibrar los avatares ligados al tiempo, lo que nos evitaría agotarnos si el momento no es el propicio.

¿Cómo beneficiarte de tu hábitat? Posiblemente te hayas fijado en que por todo el mundo se erigen pequeños altares con ofrendas para venerar *el alma del lugar*. En Francia, descubrí gracias a Florence Hubert, antigua auxiliar de farmacia y médium desde hace casi veinte años, que en todas las casas existe una energía sutil. Ya sea antiguo o nuevo, cada lugar poseería un *guardián*, una entidad que le es propia. Por supuesto, habría podido considerar esta *alma del lugar* como una cándida superstición, una protección psico-mágica sin gran interés, pero está claro que lo que dice Hubert sobre el asunto está relacionado con las prácticas de más de tres mil millones de personas provenientes de China, India y Japón sobre todo, tres de los países más ricos del mundo. El psicoterapeuta Jacques Roques, cofundador junto con David Servan-Schreiber de EMDR France, añade en cuanto al tema del *guardián* de un lugar: «Nos solemos privar del poder psíquico de entidades que nos ayudan únicamente porque no se basan en criterios bien definidos y, *a priori*, científicos».

Protocolo 13
Tomar contacto con el alma de un lugar

1. Sitúate en cualquier estancia (la energía está por todas partes).
2. Dirígete al guardián en voz alta: «Querido guardián, me alegro mucho de tomar conciencia de tu existencia, estoy feliz de conocerte. Hoy empezamos una colaboración».

3. Salúdalo de manera jovial, respetuosa y amigable cada vez que pienses en él.

4. Si le pides ayuda, nunca olvides darle las gracias.

EL GUARDIÁN DE UN LUGAR

En 2016 vivíamos en un piso de alquiler en el que ya habíamos sufrido seis fugas de agua provenientes del inquilino de arriba. Viendo esto como una oportunidad para probar si esta técnica funcionaba, me dirigí al *guardián* del lugar de esta forma: «Estoy encantada de ponerme en contacto contigo, te agradezco que nos ayudes para que no tengamos más fugas de agua». Pasamos un año sin problemas y luego otra vez las cataratas del Niágara. Decepcionada, me dirigí de nuevo al *guardián*: «No entiendo la razón de esta nueva infiltración». Cuando me fui a acostar, le pedí a mi guía que me diera una explicación a través de mis sueños. Cuando me desperté, una idea me vino de pronto a la cabeza: la agencia mediante la cual alquilábamos el piso estaba en la obligación de garantizarnos un alojamiento sin ningún tipo de problema. Sin embargo, cada vez que había una fuga, teníamos que esperar a que la habitación se secara, llamábamos a un perito para que el seguro se hiciera cargo y luego hacíamos la reconstrucción. Una de las estancias estuvo por tanto desocupada durante casi... ¡cuarenta y un meses! Sin más tardar, calculé los daños en proporción a la superficie afectada y la suma del alquiler y, con el fin de obtener una victoria rápidamente, pues nuestra mudanza estaba ya prevista, propuse a la agencia que nos pagara la mitad de la suma obtenida en concepto de indemnización. Por supuesto, mi propuesta se quedó en agua de borrajas. Puse el caso en manos de mi asistente legal... y sobre todo en manos de mi *guardián*, a quien le dije lo siguiente: «Nos tienes que ayudar a obtener una compensación económica por estas fugas en la que no había pensado. Te agradezco que nos permitas recuperar esa cantidad de dinero que servirá para la mudanza. Confío en ti». Dos días antes de la fecha de envío de nuestra carta de preaviso, la agencia nos transfirió la cantidad que les había pedido. No me lo podía creer. Enseguida di las gracias al guardián invisible de nuestro hogar.

Desde entonces siempre tengo la costumbre de dirigirme al *guardián de la casa*. En el estudio parisino donde solía ir a escribir, por ejemplo, me dirigía a él encendiendo una vela. Un día decidí poner en venta ese piso. Mi compradora era una joven seria. Trabajaba en un banco y estaba segura de que obtendría el préstamo antes de fin de año y así evitaría un aumento de gastos de notario. En ese momento estábamos en otoño. Noviembre y diciembre pasaron y seguía sin tener noticias de ella. A mediados de enero, la chica quiso visitar de nuevo el piso y yo me temí que fuera a echarse para atrás. Al día siguiente de la visita, el agente inmobiliario que la había acompañado me llamó para disculparse porque había roto el portavelas... ¡en el que solía poner la vela para el guardián! Viendo esto como una señal, me dirigí inmediatamente al alma del lugar para decirle que no la abandonaba pero que me tenía que instalar en un lugar tranquilo, en el campo. Después le di las gracias de todo corazón por su ayuda durante los años que pasé allí escribiendo y me despedí de él. Cincuenta minutos más tarde, mientras le contaba todo esto a mi marido, nuestra conversación se vio interrumpida por una llamada del notario. La chica acababa de conseguir el préstamo. La sucesión de los acontecimientos fue tan rápida..., ¡yo que había estado esperando la firma durante casi tres meses! Habría sido grotesco verlo como una simple casualidad. El guardián estaba esperando el intercambio final, estoy convencida. Pero lo que había funcionado para mí ¿funcionaría para los demás? Seguía teniendo mis dudas. Sin embargo, el caso siguiente me demostró su fuerza y terminó de convencerme.

El 18 de enero de 2018, durante uno de mis talleres, propuse a los participantes que habían vivido algún tipo de manipulación que leyeran mi libro *Les blessures du silence* en primicia para saber si los podía ayudar. Isabelle aceptó. A solas conmigo, me explicó que no podía dejar a su marido porque tendrían que vender la casa para hacer frente a los gastos pero estaban en litigio con los vecinos desde hacía ocho años. La situación estaba bloqueada e Isabelle estaba desesperada. No viendo otra alternativa, le propuse que entrara en contacto con el *guardián* de su casa para explicarle que necesitaba que la ayudase, que debía vender la casa por problemas económicos. Sobre todo le dije que tenía que darle las gracias por todo lo que había hecho, y que insistiera en que se veía obligada a irse de la casa. He aquí el mensaje que me envió seis días más tarde: «¡Le hablé al guardián de mi casa y veinticuatro horas después recibí un correo electrónico de nuestro abogado en el que me decía que el juicio tendrá lugar el 8 de febrero!». Es decir, dos semanas más tarde. El veredicto se dictó el 15 de marzo e Isabelle ganó. Cualquiera que haya estado involucrado en un proceso judicial sabe que los tribunales están sobrecargados de casos y lo mucho que se alargan los plazos. Sin embargo, el caso de Isabelle, bloqueado durante ocho años, ¡se resolvió en un mes y medio!

También mencioné la sutil ayuda del guardián de una casa o lugar durante una conferencia organizada por la HEC.* Me sorprendió mucho ver el gran interés de los líderes empresariales, que yo creía cerrados a lo invisible. ¡Me preguntaron muy seriamente si los barcos y la estación espacial internacional también tenían un

---

* N. de la T.: École des Hautes Etudes Commerciales (Escuela de Estudios Superiores de Comercio) de París.

guardián! Como cualquier otro lugar, la respuesta es que sí. Uno de esos dirigentes me dijo que hablaba todos los días a una gran estatua de perro que tenía en su despacho y se alegró de comprender que se trataba en realidad del alma del lugar. Dirigirse a una representación o a un objeto es a veces más fácil que hablarle al vacío, así que ¿por qué prescindir de ello?

Una de mis amigas vino a uno de mis talleres en el que hablaba de la ayuda sutil de los guías y del guardián del lugar. Me llamó un mes más tarde y me dijo: «La primera vez que le hablé en voz alta a mi puerta de entrada me sentí ridícula, pero como a esto sucedieron efectos concretos particularmente sorprendentes, dejé de lado mi cartesianismo y te confieso que hoy en día me dirijo a ellos bastante a menudo, como si siempre lo hubiera hecho. Hablar a mis aliados se ha convertido en algo natural».

Este mensaje de Patrick, médico de Limoges, es todavía más emotivo. Después de asistir a uno de mis talleres, me contó la alegría que tuvo al *ver* el alma del lugar en el que reside durante un seminario. «Es extraordinario porque su acogida y su generosidad se hicieron evidentes de inmediato. Cuando llegué a esta ciudad, ¡tuve la sensación de que me estaban esperando!».

- *El guardián está situado dentro de la casa (o de la empresa) al lado de la puerta de entrada, a la derecha o a la izquierda, donde haya espacio. Aun así, está presente en cada una de las estancias o habitaciones en cuanto nos dirigimos a él. Establecer contacto con él, hablarle, tenerlo en consideración, saludarlo, pedirle ayuda relacionada con el lugar y agradecerle representa sin duda una bella colaboración. En una empresa, un edificio o un grupo de edificios en los que se aloja una misma familia, existe únicamente*

un guardián para el conjunto. Puedes pedirle que proteja la casa de personas con malas intenciones.

- Cuando decidas mudarte, solicítalo para que te apoye. Prepara una caja en la que meterás algunos objetos que confirmen la salida. Dale las gracias por haberte acogido durante el tiempo que has estado viviendo ahí y pídele que te ayude a encontrar otro hogar.

- El guardián está vinculado al lugar (incluso si la casa acaba de construirse) y no te seguirá si te vas. No te olvides de decirle adiós antes de mudarte.

- Para aquellos que tengan jardín, existe un guardián del terreno materializado en forma de árbol. Pídele que proteja la casa y las plantas de alrededor.

CAPÍTULO 17

Protegerse

ECHA RAÍCES

¿Qué hacer cuando nos encontramos en desequilibrio desde hace años? Una técnica, conocida en el mundo entero, consiste en ponerse en *estado neutro*. Se trata de anclarse, más concretamente de «enraizarse». Al imaginar que eres un árbol, recobrarás la estabilidad.

Protocolo 14

Enraizamiento

1. Prepara una grabadora o tu teléfono para grabar muy lentamente las frases siguientes.

2. Ponte de pie con los pies paralelos y ligeramente separados entre sí. (Para las personas que estén en silla de ruedas, imagina que estás de pie —recuerda el increíble poder de tus neuronas espejo—).

---

3. Elige un árbol con el cual establecerás contacto. Puede ser un árbol de tu infancia, de tu jardín, de un parque o de un bosque cercano. Asegúrate bien de que esté recto. Los árboles torcidos crecen cerca de donde hay perturbaciones telúricas, y es mejor evitar ese tipo de energía.

4. Cierra los ojos e imagina que eres el árbol que has elegido. Tu cabeza y tus brazos son las ramas, están conectadas al cielo. El sol ilumina toda esta parte superior y sopla una ligera brisa, es muy agradable. Tu tronco es el tronco del árbol, es fuerte y está bien derecho. Se prolonga hasta tu pelvis, tus piernas y tus pantorrillas. Dos grandes raíces salen de tus pies y entran en la tierra con fuerza. Estas raíces bajan hasta el centro de la Tierra. Lentamente, van abriéndose paso a través del humus. Cada una de estas raíces forma decenas de pequeñas raíces y cientos de diminutas raicillas blancas que van a atrapar la energía de la tierra. Tus raíces se encuentran con un poco de agua... es un suelo rico. Las raíces siguen creciendo y se adentran cada vez más en la tierra, van bajando y se encuentran con capas de arcilla..., de arena..., se deslizan y sortean piedrecillas y continúan su descenso hasta el centro de la Tierra. Tus dos grandes raíces así como todas las raíces más pequeñas recogen toda la energía que necesitas. Toman la fuerza, la estabilidad... que esta tierra te ofrece de forma tan generosa. Continúas profundamente enraizado a la tierra, envuelto en una calidez de lo más acogedora.

5. Ahora imagina que vas subiendo poco a poco por tus raíces. Estas se han llenado de energía, oligoelementos, agua, nutrientes, estabilidad, fuerza y en definitiva de todo aquello que necesitas... Ve subiendo poco a poco por tus raíces y siente la fuerza que tienen ahora. Sube lentamente... impregnándote de esta energía beneficiosa, de estabilidad.

6. Ya has llegado hasta los pies. Acoge esta sensación. Conéctate a la tierra firme. Continúa subiendo por las pantorrillas, rodillas y muslos hasta la pelvis. Párate a la altura del ombligo. Tu centro de gravedad está conectado al centro de la Tierra y tus ramas están conectadas al cielo en un equilibrio perfecto.

7. Abre los ojos y da las gracias a tu árbol.

Si tienes la impresión de haberte tambaleado mientras hacías este protocolo, significa que no estás lo suficientemente enraizado. Si es así, vuelve a hacerlo al día siguiente y repítelo varios días seguidos hasta sentir verdadera estabilidad. Cuando la vida nos golpea, tener los pies bien anclados en la tierra nos ayuda a mantenernos erguidos frente a la tormenta. Si acabas de escuchar las desgracias de un ser querido o si eres terapeuta, practicar el enraizamiento te permite volver a una posición de *neutralidad*.

Christophe Noël, profesional que trabaja con las energías, me escribió lo siguiente al respecto: «Hago *limpiezas* de casas (cuando las energías son negativas) y a veces también practico exorcismos. A pesar de todo lo que hago para protegerme antes de cada intervención, a menudo me quedo hecho polvo hasta el punto de pedir a alguno de mis colegas que me ayude a expulsar lo negativo cuando veo que no consigo hacerlo por mí mismo. Acabo de comprobar que practicando el enraizamiento que nos enseñaste, no tuve ningún efecto en los tres últimos sitios que visité, y te puedo decir que había uno especialmente cargado».

¡Así que ya lo sabes, ahora te toca enraizarte a ti!

LIMPIA TUS CÉLULAS

De igual forma que nos duchamos y nos vestimos con esmero, ahora vas a aprender a limpiar tu energía y toda la información sutil que envuelve tus células, lo que algunos llaman el aura. Este protocolo es interesante porque tu envoltorio energético está contaminado por miedos, cólera y a veces también ansiedad o culpa. Esta polución perturba tu radar interno, es decir, tu intuición, lo que te lleva a cometer errores en tu vida cotidiana. De nuevo agradezco a Florence Hubert por haber compartido este protocolo conmigo.

Protocolo 15
La limpieza de tus células

1. Hazte con un sahumerio de salvia blanca (puedes encontrarlos por ejemplo en herboristerías). Prepara un vaso vacío y unas cuantas cerillas.

2. Enciende el extremo del sahumerio y sopla suavemente la llama para apagarla. De la salvia se desprenderá un espeso humo blanco. Pon el sahumerio en el vaso y coloca el vaso en el suelo.

3. Ponte de pie frente al vaso con las piernas ligeramente separadas de forma que el humo suba por tu entrepierna, ahí donde si sitúa tu primer chakra. Si tienes movilidad reducida, coloca el vaso debajo de tu silla.

4. Lee en voz alta las afirmaciones siguientes tomándote tu tiempo para visualizar bien todo lo que dices. Una vez más, la intención aquí tiene mucha importancia: «Agradezco a mi guía y a los arcángeles Gabriel, Miguel y Rafael que me ayuden a reequilibrar mis células». Acto seguido, respira profundamente tres veces por la boca llevando el aire hasta el vientre. Después continúa

---

diciendo: «Que todo el dolor, todo lo feo y todo lo oscuro se vayan ahora transformándose en energía arcangélica. Agradezco a mi guía y a los arcángeles Gabriel, Miguel y Rafael que eliminen todo aquello que me trastorna a nivel energético. Que mis pensamientos negativos y los pensamientos negativos que no me pertenecen se vayan hacia la luz».

5. Visualiza cómo el humo que sale del sahumerio te envuelve y continúa diciendo: «Que todo aquello que no me pertenece, todo lo que me frena, todo lo que no es justo se vaya hacia la luz, que todo aquello que está del revés se vuelva del derecho».

6. Respira de nuevo tres veces por la boca llevando el aire hasta el vientre y termina diciendo: «Que todas las pequeñas células de energía positiva se coloquen alrededor mío, que vuelva toda mi luz, que todos mis chackras se alineen y reajusten, de arriba abajo y de abajo arriba, recuperando su color y su lugar».

7. Por última vez, respira tres veces por la boca llevando el aire hasta el vientre.

8. Repítelo todo tres veces.

No olvides apagar el sahumerio de salvia frotando el extremo contra una piedra o superficie sólida para evitar que las hojas se consuman. De esa forma podrás utilizarlo de nuevo.

PURIFÍCATE

He optimizado el siguiente protocolo de limpieza integrando lo mejor de una docena de rituales de purificación y teniendo en cuenta las recomendaciones de Loan Miège, médium y sanadora. En efecto, aconseja devolver al plano del origen todo aquello que nos perjudica. Este protocolo no requiere de ningún objeto; por lo tanto, cualquiera puede hacerlo fácilmente.

Protocolo 16

Purificarse

1. Di en voz alta: «Agradezco a mis guías, seres de luz y todos los espíritus de alta vibración que me asistan durante esta purificación».

2. Después continúa diciendo lo siguiente: «Os agradezco que reunáis todos mis pensamientos negativos y todos los pensamientos negativos que no me pertenecen y que los disolváis en luz purificadora. Con respecto a entidades negativas y dañinas, sean cuales sean, que puedan existir a mi alrededor o dentro de mí, os pido por favor que las enviéis de vuelta a su plano de existencia original. En cuanto a los conflictos no resueltos y las memorias ligadas a dificultades o actos malintencionados, por favor, inundadlos de luz para desactivarlos y curarlos en esta vida y en todas las demás. Si hubiera cambios o deformaciones en mi estructura energética, o bien fugas de energía, por favor, corregidlos y reparadlos. Os agradezco que alineéis perfectamente mis cuerpos energéticos alrededor de mi cuerpo físico. Que todo se equilibre y se armonice. Os agradezco que ayudéis a limpiar, purificar, equilibrar y armonizar totalmente mi cuerpo físico, mis cuerpos energéticos, mi aura y los diversos planos que me constituyen, y a que el conjunto de mi estructura energética sea reparado y equilibrado. Gracias por inundarme de luz, energía positiva y amor universal».

3. Termina con esta frase: «agradezco a mis guías, a los seres de luz y a los espíritus de alta vibración por esta purificación así como por su protección».

 • *Si te molestan cuando estás haciendo los protocolos o simplemente quieres reforzar tu protección, también puedes visualizar que te envuelve una inmensa esfera translúcida e irisada (dorada y violeta, como una enorme pompa de jabón) que te cubre de los pies a la cabeza, y di lo siguiente: «Prohíbo entrar en esta esfera a toda aquella energía que no me pertenece. Solamente se quedan en el interior mis energías y pensamientos positivos».*

Después de una intensa jornada de trabajo, numerosas llamadas de teléfono y en consecuencia posibles contrariedades, solemos llegar a casa en un estado de cansancio extremo. Si haces uno de estos protocolos, sentirás una verdadera liberación. Por otro lado, ten en cuenta que estos rituales son para hacerlos solamente de vez en cuando, como complemento al trabajo sobre tus miedos y heridas emocionales.

Los médiums y los sanadores suelen decir que «el agua corta los pensamientos y actos negativos», en especial el agua salada. Si tienes la suerte de vivir cerca del mar o ir de vacaciones, no dudes en bañarte imaginando que tus ideas, pensamientos, miedos y culpas se purifican al mismo tiempo, sobre todo aquellos que no te pertenecen.

Además de este, existe otro método para recuperar fuerzas relacionado con la naturaleza.

REPÓN FUERZAS

Protocolo 17
Ritual energético del árbol

1. Elige un árbol bien recto en el corazón de un bosque, en un parque público o en tu jardín.
2. Ponte a unos metros de él y pregúntale mentalmente si te autoriza a que te acerques a él. Como harías con un animal, deja que te *olfatee*.
3. Una vez que establezcas la conexión, acércate y apóyate sobre su tronco. Puede ser de espaldas o de frente, no tiene importancia. Pide al árbol que te dé energía.
4. Imagina que su savia entra en tu cuerpo a través de tus pies y que deposita fuerza, dulzura y benevolencia.
5. Cuando te sientas mejor, da las gracias al árbol. Este «abrazo consciente» puede generar una gran emoción. Haz variar las sensaciones practicando el ejercicio con un árbol joven, por ejemplo.

Los árboles existen desde hace trescientos ochenta millones de años mientras que la humanidad nació hace tan solo seis millones de años. Son los abuelos de la vida en la Tierra. Frecuentémoslos al máximo y respetémoslos por enriquecernos gracias a su presencia. Reconectarnos con la naturaleza es una forma excelente de recobrar la alegría.

PROTÉGETE DE TI MISMO

¿Por qué es tan importante liberarnos de nuestros pensamientos negativos? Porque nos dan información. Cuando pronunciamos nuestros pensamientos en voz alta, les damos más fuerza. Y puesto que nuestro cuerpo está constituido esencialmente de energía e información, todo lo que decimos y pensamos se queda grabado en el corazón de nuestras células.

Si sientes odio hacia alguien, tu cuerpo se impregna de esa energía y acabas por llevarla también dentro de ti. De forma extraña, tu vida cotidiana se verá perturbada y los acontecimientos desafortunados vendrán uno detrás de otro. Tus conocidos e incluso la gente que no conoces (en el centro comercial, en la carretera, un cliente, en redes sociales) actuarán de manera violenta e inexplicable, como reflejo del tipo de pensamientos que proyectas, sin que ni siquiera te des cuenta. Esto ocasiona por ejemplo una sucesión de acontecimientos como lo que sigue: «Esta mañana me he enfadado con mi novio/novia, de camino al trabajo el conductor del coche que me seguía me ha gritado porque no me he dado cuenta de que el semáforo ya se había puesto verde y para terminar, mi compañera de trabajo se ha burlado de mí cuando le he propuesto una idea».

Cuando piensas en alguien de forma negativa, criticándole sin buscar entender por qué actúa así, ello modifica tu «porcentaje de vibración». En efecto, la frecuencia de la energía que te constituye cambia. En ese momento tiendes a ver los hechos bajo un prisma negativo porque estás envuelto en la energía de las palabras que utilizas para calificar al otro. Dicho de otra manera, ves el vaso medio vacío y pierdes oportunidades porque tus células no están alineadas entre ellas. Tus pensamientos tienen un impacto sobre todo.

A propósito de esto, un maestro budista coreano, el venerable Seongnam, me ofreció una imagen bien explícita sobre la manera en que actúan nuestros pensamientos, palabras y actos. Para imaginar el funcionamiento de ese proceso, coloca la mano como si estuvieras disparando una pistola, con el índice estirado hacia el frente, el pulgar hacia arriba y los otros tres dedos doblados.

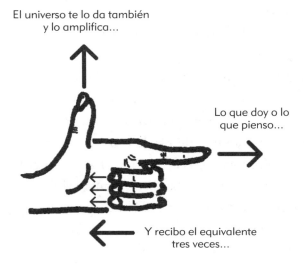

El universo te lo da también y lo amplifica...

Lo que doy o lo que pienso...

Y recibo el equivalente tres veces...

El dedo índice representa tus pensamientos y acciones. El pulgar hacia arriba es lo que el universo produce al reforzar tus pensamientos o acciones. Los otros tres dedos representan lo que vuelve a ti. Lo que pensamos o lo que hacemos... el universo lo refuerza... y vuelve a ti tres veces. Si criticas a una persona, varias personas te criticarán. Si le robas a alguien, perderás mucho por otro lado. Y de igual forma si eres generoso, acabarás recibiendo mucho.

En definitiva, si ves el lado positivo de todo, la vida te sonreirá todavía más. Está relacionado con la energía que circula dentro de ti así como alrededor tuyo. Cuanto más respetemos a los demás, más nos respetarán. Si eres tolerante contigo mismo (por ejemplo diciéndote: «No hice lo que había que hacer pero lo hice mejor que pude»), entonces serás más tolerante con los demás y los demás serán a su vez más tolerantes contigo. Y de esa forma vivirás mejor.

Esta imagen confirma el postulado de que atraemos hacia nosotros a personas y situaciones generadas por nuestras propias heridas. ¿Y tú qué? Pregúntate cuáles han sido tus pensamientos desde que te levantaste esta mañana... Tu forma de pensar puede cambiar radicalmente tu futuro.

Aprobar exámenes

Varias madres que temían que su hijo suspendiera un examen pusieron en práctica el protocolo dieciocho que sigue a continuación antes, durante y hasta el día del resultado y me han compartido su sorpresa ante el éxito casi milagroso de su hijo. Generar un estado de serenidad (y no de miedo) es la mejor forma de ayudar a los que nos rodean.

LA FELICIDAD EN EL DÍA A DÍA

Protocolo 18
Ser feliz

1. Di en voz alta: «Deseo que .... sea feliz». Pronuncia estas palabras de todo corazón y de manera enérgica.
2. Elige tres personas a las que quieras desear éxito, salud y serenidad. Es fácil si se trata de tu familia o allegados, pero haz el ejercicio con desconocidos... Mejor aún, si te sientes capaz, hazlo con aquellos que te exasperan o te han perjudicado en algún momento. Hazlo sinceramente, es importante.

LA LLAVE DE TU ENERGÍA

3. Observa la manera en la que te sientes. Si practicas este acto de benevolencia todos los días eligiendo cada vez tres personas distintas, obtendrás sonrisas y alegría.

4. Muéstrate siempre positivo para que el universo amplifique esta energía que circula a tu alrededor.

200

CAPÍTULO 18

Dormir mejor

Francia ostenta el récord de consumo de somníferos y tranquilizantes en el mundo. El doctor Patrick Lemoine, psiquiatra y especialista del sueño al que entrevisté, explica lo preocupante de la situación: «El Ministerio de Sanidad dice que hay que evitar en primera instancia el consumo de medicamentos y que es fundamental dar prioridad a técnicas de relajación o terapias cognitivas y conductuales pero únicamente reembolsa las medicinas. Es un verdadero problema porque los estudios han demostrado que de cien mil sujetos tratados, el riesgo de mortalidad se duplica en personas que han tomado benzodiacepinas durante más de tres meses, por no hablar de la importante pérdida de memoria y la posibilidad de demencia de tipo alzhéimer. Por otro lado, ¡nunca hay que dejar un tratamiento de golpe ya que puede provocar epilepsia y confusión grave!».*

La calidad de tu sueño te angustia... Para todos aquellos que tienen más de sesenta años y que sienten pavor de no volver a

---

* N. de la A.: Ver su obra *Dormez! Le programme complet pour en finir avec l´insomnie* [¡Duerme! Programa completo para terminar con el insomnio], Hachette, 2018.

dormir como un bebé, Lemoine precisa que con la edad el sueño es menos profundo y que nos despertamos más veces durante la noche. Todo esto es **normal**. Es inútil tomar ansiolíticos, relajantes o somníferos para *reparar* lo que ya se ha convertido en el ritmo natural de tu sueño. Acepta que tu noche se vea entrecortada por períodos de vigilia porque es absolutamente normal.

LA CLAVE ESTÁ EN EL DESPERTAR

¿Cómo saber si hemos pasado una buena noche? Según el doctor Lemoine, si te encuentras en plena forma cuando te levantas y no tienes ningún problema de atención, concentración o pérdida de memoria durante el día, significa que todo va bien. «El sueño nos da igual, lo que nos interesa es el estado en el que nos encontramos al despertarnos», señala. Pero si te levantas cansado, ¿cómo puedes mejorar el sueño?

Consejos para dormir mejor

1. Si tomas relajantes, pide a tu médico que te reduzca la dosis de manera progresiva.

2. Toma plantas en forma de infusión o en pastillas como por ejemplo la valeriana, la flor de la pasión (pasiflora) o la manzanilla. También puedes hacer que te receten melatonina (se trata de una hormona natural que le indica a tu cerebro que es hora de dormir).

3. Prosigue con terapias que permitan que baje tu nivel de estrés como la sofrología, la hipnosis o la EFT.

4. Por la noche, crea un período intermedio entre la vuelta a casa del trabajo y el momento de irte a acostar. Elige una actividad tranquila, como leer, tricotar o ver una película. Es indispensable ritualizar el momento antes de irse a dormir para que tu organismo se habitúe a detectar los signos que preceden al sueño. En definitiva, prepara tu cuerpo.

5. Evita todo tipo de pantallas (teléfono móvil, tableta, ordenador) que generen luz blanca o azul, ya que son colores que dificultan la producción de melatonina e impiden dormir.

6. Date un baño o ducha tibia antes de acostarte: la disminución de la temperatura corporal favorece el sueño. Por la mañana opta más bien por una ducha bien caliente (la subida de temperatura estimula la segregación de hormonas que estimulan la actividad).

7. Aleja tu cabeza de todo aquello que produzca ondas electromagnéticas: despertadores electrónicos, lámparas, teléfonos móviles encendidos, teléfonos sin cable, módems...

8. Evita dormir sobre un colchón de muelles, ya que estos aumentan los campos electromagnéticos.

9. A veces varias corrientes de aguas subterráneas se entrecruzan creando ondas nocivas, es lo que se llama un punto telúrico negativo. Dormir sobre uno de estos puntos puede perturbar tu sueño. Compara la calidad de tu sueño o incluso la mejora de tu salud desplazando tan solo unos centímetros tu cama o bien cambiando de habitación. Si tienes dudas, pide ayuda a un geobiólogo.

10. Para dormir bien, no pongas televisión en tu habitación ni trabajes en la cama, reserva este lugar únicamente para el sueño. Y para terminar, vacía tu cama de la basura emocional (ver el protocolo 19).

ESTAR ATENTO A LOS EXCESOS DEL CUERPO

También puede ocurrir que nos durmamos fácilmente pero que nos despertemos en mitad de la noche y seamos incapaces de conciliar de nuevo el sueño. El médico acupuntor Robert Corvisier explica este fenómeno descrito por la medicina china. Durante el día tenemos multitud de ocasiones para enfadarnos. El hígado es el encargado de digerir esta emoción (la cólera) durante la noche. El azúcar, el alcohol y los alimentos grasos suman moléculas complejas que también hay que desintegrar. E incluso siendo el hígado el órgano más pesado del cuerpo humano, puede suceder que no logre gestionar todo este exceso de actividad. En ese caso le pasa el relevo al bazo..., el cual se pone en funcionamiento hacia las cuatro de la mañana... Al bazo se lo suele llamar el *rumiante*, ya que es él el que nos hace cavilar. Esa es la razón por la que suele ser frecuente despertarse a esa hora: se trata de un mensaje que tu cuerpo te envía, tu hígado está saturado. En ese caso, no dudes en acudir a un terapeuta cuya práctica permita una desintoxicación del hígado y el bazo (*shiatsu*, acupuntura, psicobioacupresión...).

LIMPIEZA ENERGÉTICA DE LA CAMA

Tu cama es el lugar de la casa que hay que limpiar antes que ningún otro, ya que al acostarte depositas en ella todo aquello que te preocupa. Sueles trabajar en ella, escribir correos electrónicos, ver películas tristes o de terror, vivir frustraciones y enfados relacionados con la familia o el entorno. El lugar en el que duermes está, pues, contaminado por tus emociones. Por otra parte, te habrás dado cuenta quizás de que a veces, incluso cuando todo va bien en tu vida, te vienen ideas oscuras a la cabeza en cuanto te acuestas. El motivo es que al estar en reposo te abandonas completamente a tu inconsciente y a las energías que te rodean.

Este protocolo de limpieza me ha sido generosamente confiado por el geobiólogo Vincent Navizet, cuya práctica consiste en percibir, con la ayuda de herramientas como la antena de Lecher, péndulos y varillas, las ondas que se cuelan por las grietas de la corteza terrestre.

Protocolo 19
Limpieza energética de la cama

1. Ponte de pie a un lado de tu cama con los brazos extendidos y las palmas de las manos dirigidas al cielo.

2. Di en voz alta: «Que todas las energías y pensamientos negativos de este lugar desaparezcan en la tierra...». Mientras dices esto, sopla fuerte bajando los brazos hacia el suelo como si lanzaras esta energía a la tierra.

3. Continúa diciendo: «Si aún quedaran energías negativas, que los arcángeles Gabriel, Miguel y Rafael se las lleven hacia la luz». Levanta los brazos hacia el cielo mientras pronuncias esta frase.

4. Termina diciendo: «Que el vacío que queda se llene de luz y amor». Da las gracias.

Si vives en un piso o encima de otra habitación, no te preocupes, no has enviado esta contaminación energética a la cama de tu vecino, se ha ido directamente a la tierra y esta la ha disuelto. Haz este protocolo en todas las habitaciones de tu casa. Una vez al mes es suficiente, pero si discutes con tu pareja o te levantas cansado después de haber pasado mala noche, no dudes en hacerlo. También puedes hacerlo en el hotel o si duermes en casa de amigos. Asimismo, puedes realizar este protocolo en todas las estancias de la casa agradeciendo al guardián del lugar que te ayude en el proceso de limpieza. Y como para todos los protocolos en los que se pide ayuda, no te olvides de hacerlo con una sonrisa y poner tu mejor intención.

CAPÍTULO 19

Cultiva tu intuición

P resumimos de inteligencia superior al compararnos con los animales. Sin embargo, cuando se trata de tomar una decisión, toda una procesión de emociones se pone en marcha y, abrumados por la incertidumbre, nos tambaleamos como un alga en el fondo del mar, mientras que los animales actúan rápidamente y bien por instinto. Entonces, ¿cómo elegir sin equivocarse? ¿Cómo tomar la decisión correcta?

ESCUCHA A TU CUERPO

Fue gracias al contacto con la vida salvaje como tomé conciencia de mi intuición. En aquella época dirigía la serie *Los héroes de la naturaleza* para France 3.* Mi objetivo era valorizar a mujeres y hombres que trabajaban para salvar especies en vías de extinción. Viajé por todo el mundo y tan pronto me encontraba en un rompehielos en el mar del Norte con las ballenas como me iba al Amazonas

---

* N. de la T.: Cadena de televisión francesa pública de ámbito regional.

en busca de murciélagos, o tan pronto me encontraba rozando la muerte en Borneo ayudando a los orangutanes como llorando de alegría viendo elefantes en Uganda.

Una vez, mi cámara y yo estábamos grabando a un grupo de hipopótamos que se encontraba en la orilla de un lago cuando, instintivamente, le dije: «Esa madre va a levantarse y se va a ir con su cría hacia esos matorrales, en esa dirección». Y eso fue exactamente lo que hizo. ¡Nos quedamos alucinados! Este mismo tipo de experiencia sucedió más adelante con guepardos, cocodrilos, ornitorrincos... Llegué a la conclusión de que había conseguido conectarme con el mundo animal.

Luego me fui con mi marido a hacer un reportaje sobre nuestra iniciación al chamanismo para la revista *Geo*. Él se encargaría de las fotos y yo del texto. Cuando descubrimos que la comunicación también era posible a través de esas plantas que enseñan, lo que los chamanes llaman las *plantas maestras*, pensé que mi conexión también se había desarrollado a nivel vegetal. Lo más inquietante de todo es que esta intuición empezó a manifestarse en mi vida cotidiana casi a mi pesar.

Gracias a un comentario del productor Thierry Berrod, me di cuenta de que todos los temas que me interesaban eran noticia tan solo unos meses después.

Por ejemplo, un día leí un artículo científico del investigador alemán Hans H. Kaatz en el que demostraba que había tenido lugar, a través de una bacteria, una transferencia de genes de plantas de colza transgénica a abejas. Inmediatamente me vino a la mente la *imagen* de que todos estos insectos iban a morir en masa. Motivada de repente para escribir una novela futurista sobre el tema, me puse en contacto con investigadores suizos, alemanes, estadounidenses y franceses con el fin de documentarme. Once meses más tarde, la primera hecatombe mundial de abejas estaba en todos los titulares.

Fue entonces cuando pude dirigir la primera película francesa sobre la mortalidad de estos insectos y gracias a esta investigación a gran escala, el CNRS* y el Museo de Historia Natural me llamaron para dar una conferencia. Tuve el mismo tipo de intuición premonitoria unas cuantas veces más.

Por ejemplo, hice un documental sobre el autismo, y cinco meses después esta discapacidad se convirtió en una «gran causa nacional». De igual forma, un día di la voz de alarma a través de un artículo sobre el primer caso de lengua azul** de una oveja acaecido en Alemania, y ocho meses después treinta y una mil explotaciones de Europa se vieron afectadas. Para escribir mi libro *Les blessures du silence* me interesé en el tema del acoso y la manipulación y en cómo salir de ello. Tres meses después de entregar el manuscrito a mi editor, el caso Weinstein estallaba. En 2016 puse en evidencia el riesgo de sobredosis por ingesta de paracetamol a través de mi libro *Les racines du sang* [Raíces de sangre] y en julio de 2019 las autoridades sanitarias obligaron a poner un mensaje de advertencia en todas las cajas de medicamentos que contuvieran esta molécula...

En definitiva, al conectarme a *aquello que sabe*, desarrollé una especie de clarividencia. Eso sí, si elimino la mente con todos sus miedos y fantasías, lo único que tienen en común todas estas experiencias es la reacción de mi cuerpo. Ese cuerpo que nos *habla* todo el día estremeciéndose, haciendo ruidos o crispándose. Nos alerta del hambre, la sed, el sueño, las ganas, el asco, o incluso nos dice si una persona nos causa *buena o mala impresión*, aun siendo la primera vez que la vemos. Gracias a mi cuerpo, me he conectado a esa zona universal que nos conecta a unos con otros.

---

* N. de la T.: Centre National de la Recherche Scientifique (Centro Nacional de Investigación Científica).
** N. de la T.: Enfermedad vírica que afecta a los rumiantes tanto domésticos como salvajes, principalmente a ovinos.

TU VOZ INTERIOR

Para aprender a escuchar esa vocecilla interior que solo quiere lo mejor para ti, te propongo un protocolo muy sencillo. La clave está en hacerlo con rapidez para impedir que tu cerebro se interponga y te fastidie el resultado.

Protocolo 20
Desarrolla tu intuición

1. Siéntate sin cruzar las piernas y relájate.

2. Piensa en una situación en la que tengas que decidir entre dos opciones y pronúncialas. Por ejemplo: «Me compro una bici / espero a que me la regalen», «Me compro este fabuloso vestido hoy / Me espero a las rebajas», «Voy al cine con Fulanito / Voy con Menganito», «Pido un préstamos al banco / Me asocio con X», «Le digo a mi jefe que… / No se lo digo».

3. Cierra los ojos y piensa en la primera opción. Sin pensar en nada, fíjate en lo que sucede en el interior de tu cuerpo **a nivel físico**. ¿Tu mandíbula se tensa? ¿Tus pies se retuercen? ¿Tu busto se curva hacia delante? ¿Se te acelera el pulso? ¿O por el contrario te sientes tranquilo, relajado y sin ningún tipo de tensión? ¿Cómo es tu ritmo cardíaco?

4. Tan pronto como hayas *escaneado* tu cuerpo (diez o quince segundos bastan), pronuncia la segunda posibilidad. Siempre sin pensar, pregúntate qué sucede en tu organismo. Focalízate en tus sensaciones.

5. Compara la primera sensación o grupo de sensaciones con la segunda. ¿Cuál fue la más agradable? Cuidado si te dices cosas

---

del tipo: «Me sentí triste, alegre; ¿vi una luz o no?». En ese caso es tu mente la que habla. Lo importante es ser rápido para ser «espectador» de tus sensaciones físicas.

La primera vez que hagas este ejercicio, las sensaciones que tendrás serán quizás bastante sutiles y la duda puede surgir. Pero incluso si la diferencia es mínima, ¡confía en ti! Las experiencias siguientes serán cada vez más evidentes. Ten también en cuenta que cada percepción es personal. Un cosquilleo puede percibirse como algo desagradable para unos y como algo favorable para otros.

Cuanto más hagas este ritual, más netas serán tus percepciones. Cuando voy en el metro y dudo entre dos acciones, cierro los ojos y pienso diez segundos en la primera opción y luego otros diez en la segunda. Me he acostumbrado a escuchar a mi cuerpo y conozco cómo se expresa: mis hombros, bien curvados hacia delante o bien echados para atrás, me indican el camino que debo seguir. En medio de una situación de crisis, confía en lo que tu cuerpo te dice, es tu mejor aliado.

No dudes en anotar tus sensaciones para aprender a reconocerlas. Para algunos, notar ligeros escalofríos en el brazo significará un sí, para otros el no se advertirá por una tensión de la mandíbula o una aceleración del ritmo cardíaco. Si no notas nada en especial o la diferencia entre las dos opciones no es contundente, eso puede significar que:

- Tal vez haya una tercera opción en la cual no has pensado.
- Ninguna de las dos opciones es la correcta.
- Establecer una diferencia es difícil. Dejarse guiar por el cuerpo es una técnica nueva y requiere más práctica.

¡A veces podemos sorprendernos realmente! Durante uno de mis talleres, propuse poner en práctica este ejercicio. Cada uno debía elegir una cuestión y dos posibles opciones. Algunos aceptaron compartir el reusltado. Una madre de familia me confió un día que a la pregunta «¿debo autorizar a mi hija de diecisiete años a salir el sábado por la noche?» su mente le dijo que «no» pero su cuerpo le respondió *físicamente* con un «sí» bastante claro. El sábado en cuestión, su hija salió, pues, de fiesta pero a las once de la noche su madre sintió que su cuerpo se crispaba sin motivo aparente. Preocupada, intentó contactar con su hija, sin éxito. Arrancó el coche y al llegar a donde sabía que podía encontrarla, la descubrió casi inconsciente entre dos amigas que la sujetaban: había tomado una sustancia desconocida. Se la llevó rápidamente a urgencias, donde le hicieron un lavado de estómago y todo volvió a la normalidad. Pero lo más interesante de todo es lo siguiente: la madre me contó que cuando su hija nació ella había estado a punto de morir y que fue gracias a la presencia del bebé por lo que había vuelto a la vida. El problema estaba en que su hija tenía la actitud de una persona a la que se le debía todo. «Desde que la *salvé*, cada una hemos ocupado el lugar que nos corresponde, yo como madre y ella como hija. ¡Hace un mes que nuestra vida familiar es estupenda, y se lo debo realmente a mi cuerpo!» Madre e hija necesitaban por tanto vivir esta situación delicada para volver a equilibrar su relación.

- *Incluso en el caso de que lo que sientas te parezca extraño, confía en tu cuerpo.*
- *Tu voz interior es en realidad tu guía. Si aceptas reconectarte a tu parte más sutil, te abres a aquello que te une a tus seres queridos y a algo más allá.*

CAPÍTULO 20

Atenuar las quemaduras

E n algunas familias, no es raro encontrar a una abuela o tía abuela que alivie las quemaduras. La manera de proceder era generalmente transmitida justo antes de morir. Era un secreto que pasaba al descendiente más sensible. Creo que ha llegado el momento de compartir estas técnicas con el mayor número de personas posible. Puede salvar vidas, así que ¿por qué unos pueden beneficiarse y otros no? Además, para ello no es necesario tener ningún don especial. Por supuesto, no todos podremos actuar a distancia para aliviar a una persona con quemaduras de tercer grado, pero calmar los efectos de una leve quemadura en nosotros mismos o en otra persona está al alcance de todos. ¡Cuanto más practiques, mejor lo harás! Lo más importante es eliminar las dudas sobre este tema.

Ah, ese sanador al que los ancianos alababan recomendando sus méritos... En mi caso, pienso enseguida en un amigo, René Blanc, antiguo capitán del cuerpo de bomberos de Thonon-les-Bains. Ya jubilado, siguió luchando contra el fuego... de las quemaduras. También calmaba los escozores provocados por los herpes zóster (culebrillas) y los eccemas. Todavía con más frecuencia, intervenía para aliviar las quemaduras causadas por la radioterapia en tratamientos contra el cáncer. El servicio de radiooncología del hospital de Lausana ofrecía regularmente sus servicios a los pacientes. Estaba tan solicitado que ejercía solo por teléfono ya que recibía unas cuarenta solicitudes al día. De esta manera, sin desplazarse a ningún sitio y con el auricular al oído, recitaba una oración, y el dolor del paciente disminuía al instante.

Se han realizado varios estudios para comprender los mecanismos que intervienen en el proceso, pero todavía no se ha encontrado ninguna explicación científica. No se trata de un fenómeno psicológico ni de un efecto placebo, ya que los bebés con quemaduras graves dejan de llorar en cuanto el maestro del fuego[*] interviene. Se ha observado el mismo resultado en animales (no sabían, evidentemente, que actuaran sobre ellos). Tampoco se puede hablar de una transferencia de energía, ya que estas oraciones alivian tan pronto como se pronuncian, incluso si la persona afectada se encuentra a seis mil kilómetros de distancia.

David Servan-Schreiber, médico y neuropsiquiatra que intervino en una de nuestras películas,[**] dijo lo siguiente al respecto: «He conocido a pacientes con cáncer a los que su radioterapeuta les ha dicho: "En vista de los efectos secundarios graves y las quemaduras de la epidermis, le sugiero que consulte a un maestro del fuego". Esto plantea verdaderos interrogantes, porque no existe ninguna base científica o racional. Nadie entiende cómo estas

---

[*] N. de la T.: En Francia se los llama literalmente «cortadores de fuego» y hay unos seis mil. Este tipo de curanderos existe desde la Edad Media. Gracias a su práctica, son capaces de aliviar todos los problemas que estén estrecha o remotamente relacionados con el fuego (dolor provocado por quemaduras, sensaciones de ardor). Hoy en día, algunos de ellos trabajan incluso en colaboración con los médicos (para aliviar por ejemplo los dolores provocados por la «quemazón» de la quimioterapia).

[**] N. de la A.: *Enquêtes extraordinaires, Les guérisseurs* [Investigaciones extraordinarias: los curanderos], realizada por Thierry Machado, dirigida por Natacha Calestrémé, presentada por Stéphane Allix, 2010.

fórmulas un tanto mágicas, a menudo pronunciadas en latín, podrían impedir que la epidermis reaccione en forma de quemadura a una agresión como la radioterapia. Pero en el fondo lo que me parece fascinante es el contrato que establecemos con un médico: si vienes a verme, ¿qué es lo que esperas de mí? Esperas que te recomiende algo por lo que tengo todas las razones para pensar que te hará bien, y de paso todas las razones para pensar que no puede hacerte daño. En ese contrato, no está escrito en ninguna parte que yo deba saber cómo funciona. Pero tengo que estar seguro de que hará más bien que mal. Así que este radioterapeuta lo había entendido todo. Si bloquear las quemaduras en general funciona para sus pacientes, es la mejor medicina posible. No sé si es científica, pero es con certeza la más racional, la más inteligente y la más lógica, y eso es lo que todo el mundo espera de su médico».

Todos los profesionales de la salud que se han tomado la molestia de comparar estas técnicas coinciden en un punto. Las quemaduras *curadas* por un maestro del fuego tienen mucho mejor aspecto y presentan una mejor cicatrización que las sometidas a cualquier tratamiento médico. Me parece importante señalarlo.

Tú también puedes aprender a aliviar quemaduras. Te propongo que utilices la técnica transmitida por mi abuelo Raoul, sanador y maestro del fuego. Fue él quien me confió el siguiente ritual, y se lo agradezco infinitamente. Y recuerda que, al igual que con los otros protocolos, solo el poder de la intención cuenta.

Protocolo 21
Mitigar el fuego

1. Murmura o, si lo deseas, pronuncia en voz alta lo siguiente: «En la fuente de San Mateo había tres sinvergüenzas que querían quemar a Dios. San Mateo les dijo: ''No queméis al buen Dios, quemadme a mí en su lugar''. A continuación se puso en la entrada del horno, y el fuego se apagó».

2. Sopla aire frío (con los labios apretados y los carrillos hinchados, ya que si no el aire será caliente) sobre la quemadura formando una cruz al soltar el aire. Si lo haces a distancia, sopla el aire frío visualizando que lo haces sobre la quemadura de la persona en cuestión.

3. Repítelo todo (fórmula hablada y soplo) tres veces.

Pierre Yonas, maestro del fuego, accedió a compartir conmigo el ritual que utiliza, y se lo agradezco. Insisto una vez más en que debe ser pronunciado con la certeza de que funcionará, es decir, teniendo «fe en ti mismo»: «Fuego, te detengo, tu sitio ya no está en el cuerpo de .... El mal se va y el bien se instala».

El día en el que tengas que aliviar las quemaduras de otra persona, elige el protocolo que más te convenga. Ya verás cómo funciona. He recibido multitud de testimonios que dan fe de su eficacia. Un día, durante una entrevista para el INREES, compartí el protocolo veintiuno, que me transmitió mi abuelo. Rápidamente me llegó el testimonio de Emmanuelle: «Muchas gracias a ti y a tu abuelo por este precioso regalo. Me quemé durante una barbacoa y probé el rezo para aliviarme. ¡La quemadura se detuvo al instante y no me salió ninguna ampolla!».

Al cabo de unas semanas, una madre me escribió diciéndome que le había *quitado* el fuego a su hijo de nueve años gracias a esta fórmula.

También recibí el testimonio de un hombre que se lo había hecho a su perro, cubierto de alopecia eccematosa: el animal había dejado de rascarse. Aún hoy, tras cada una de mis conferencias, varias personas se acercan y me confiesan haber cortado el fuego de diferentes tipos de quemaduras, escozores o eccemas gracias a este protocolo. Compruebo con alegría que lo han utilizado con éxito incluso sin haberlo *recibido de un antepasado,* tal y como yo indicaba.

CAPÍTULO 21

Mantenerse vivo

L a muerte nos interroga, hace que nos hagamos preguntas. Es sin duda el misterio de la vida más grande de todos. Nos sentimos devastados frente a la pérdida de un ser querido. A menudo me preguntan: «¿Cómo no dudar aunque sea un solo segundo de la benevolencia del universo cuando se acaba de perder a un hijo, un padre, una madre o nuestra pareja?». Evidentemente, resulta inconcebible. ¿Cómo volver a encontrar la serenidad cuando la muerte nos la ha arrancado?

EL DUELO

Cuando un ser querido fallece, comenzamos un proceso de duelo incluso sin tener conciencia de ello. Según Christophe Fauré,[*] psiquiatra al que hice una entrevista, el duelo se compone de cuatro fases:

---

[*] N. de la A.: Ver su obra *Vivre le deuil au jour le jour*, Albin Michel, 2018. (Publicada en castellano por Editorial Kairós con el título *Vivir el duelo. La pérdida de un ser querido*).

1. **La estupefacción:** no nos damos cuenta de lo que acaba de ocurrir porque es demasiado violento y doloroso. Nos *anestesiamos* emocionalmente. Durante esta fase podemos lograr hacer ciertas cosas *de forma mecánica* (organizar el funeral por ejemplo) a veces incluso sin llorar. Este período puede durar unas horas o unos cuantos días.

2. **La búsqueda desesperada de conexión:** intentamos restablecer el contacto con la persona fallecida por medio de olores (su perfume, un peluche que nos negamos a lavar), objetos, ropa... Ponemos fotos y llevamos siempre una con nosotros, escuchamos mensajes de voz para oírla... Esta fase dura entre ocho y diez meses.

3. **La fase de desestructuración:** durante este tiempo comprendemos la irreversibilidad de la muerte. Echamos cada vez más de menos a la persona. Entramos en pánico porque nos da la impresión de ir de mal en peor a pesar del paso del tiempo. En contra de lo que se pueda pensar, esta fase es normal y necesaria. Demuestra que estamos *avanzando* en nuestro proceso de duelo. Este período es el más duro porque es el más largo (puede durar varios años) y puede dar la sensación desesperada de que *a partir de ahora nuestra vida será esto*. Sin embargo, el proceso poco a poco se dirige hacia la cuarta fase.

4. **La calma:** esta fase concierne a nuestra relación con el difunto. Nos autorizamos a no pensar en él todos los días. *Sentimos* que vive dentro de nosotros, es una sensación dulce, intemporal. Nuestro enfado con el resto del planeta por no comprender por lo que estamos pasando va disminuyendo. Poco a poco reanudamos nuestros lazos con el mundo aceptando vivir y acometer nuevos proyectos. Nos invade una especie de paz interior. Sentimos que hemos

cambiado para siempre y de hecho *ya nada volverá a ser como antes*. Hay cosas que se han mancillado, como la despreocupación, pero otras —positivas y que ni siquiera imaginábamos— han hecho acto de presencia: ahora somos más abiertos, con nosotros mismos y con los demás, sobre la forma de concebir la vida.

 • *Solo entonces seremos capaces de ver la muerte de un ser querido bajo una luz diferente. Los médiums dicen que un niño o adulto que muere antes que sus padres es un alma que ha elegido irse para permitir que su familia avance de manera diferente... a veces a lo largo de varias generaciones. No es por lo tanto culpa nuestra ni de nadie más, y mucho menos aún a causa de la mala suerte o el mal karma. Al reconsiderar la horrible pérdida como una oportunidad que nuestro difunto nos ofrece para que nos planteemos el futuro de manera diferente, rendimos homenaje a su alma. El mayor regalo que podemos hacerle a cambio es preguntarnos: «¿Cómo puedo transformarme para avanzar en la vida? ¿Qué puedo hacer que lo haga feliz o de lo que estaría orgulloso? ¿Cuáles de mis creencias merecen evolucionar?».*

¿VIDA DESPUÉS DE LA MUERTE?

Algunos están convencidos de que hay vida después de la muerte y de que existe un más allá. Para otros, eso es sencillamente impensable. Es interesante constatar que todos aquellos que se han volcado en la cuestión han visto sacudidas sus certezas hasta el punto de considerar la existencia de una supervivencia de la conciencia. Existen tantos testimonios en los que el fallecido ha enviado una *señal* a su familia a través de médiums que han dado informaciones sobre hechos acontecidos después del fallecimiento que estos fenómenos no pueden reducirse a una simple creencia. Mi marido, Stéphane Allix, periodista y antiguo reportero de guerra, escribió sobre este tema en *La experiencia. Una prueba increíble: ¿comunicando con el más allá?*, una investigación en la que pidió a seis médiums que contactaran con su difunto padre. Para ello, les pidió que describieran cuatro objetos que él había escondido en su ataúd. Los resultados obtenidos fueron excepcionales e incluso los más escépticos se tuvieron que rendir a la evidencia.

El doctor Pim van Lommel, cardiólogo, escribió en la revista científica *The Lancet* a raíz de un estudio sobre experiencias de muerte inminente (EMI): «Finalmente deberíamos considerar que tanto la muerte como el nacimiento nos permiten pasar de un estado de conciencia a otro». El cuerpo es el receptáculo de nuestra conciencia, y esta continúa su viaje después de la muerte. Nuestro difunto sigue existiendo en otro lugar sin su envoltura física.

Dejar de llorar a nuestro ser querido, no echarle la culpa por habernos abandonado, es la mejor manera de dejar que evolucione. Debemos entender que había llegado su momento. Por otro lado, algunas personas perciben que van a morir un tiempo antes de hacerlo. Mi hermana le había dicho a mi madre que estaba segura de que moriría joven. Thomas, el hermano de Stéphane, nos había confiado mientras estábamos juntos en Afganistán que estaba deseando cumplir los treinta porque al fin podría vivir. La mayoría de las veces no entendemos estas alegorías hasta que suceden los hechos. El padre de Stéphane anunció varios meses antes de su fallecimiento (y no estaba enfermo) que no viviría para ver la siguiente Navidad. En cuanto al hijo de un amigo ingeniero, se dibujó a sí mismo unos días antes de su muerte con el Lego rojo en la garganta que luego se tragaría por accidente y le provocaría la muerte. En otras palabras, nuestra alma lo *sabe*.

Comprender el significado de la muerte, la prueba más dura de todas, no es fácil. Pero un buen día se hace evidente. Mejor aún, verse confrontados a la muerte nos transforma. La urgencia de comenzar un proceso de autoayuda se impuso en el momento del fallecimiento de mi hermana. Tuvo que irse para que yo encontrara la fuerza de perdonar. A ella le debo mi transformación y el despliegue de mis alas. ¿Cuántas personas, después de un duelo, han cambiado su vida de manera radical?

Mi madre tenía setenta y cuatro años cuando su hija cerró los ojos para siempre. Quedó devastada, especialmente porque estaban muy unidas. Pasó por las cuatro fases descritas por el psiquiatra Christophe Fauré. La tercera fase, esa en la que nos da la impresión de ir cada vez peor, fue especialmente dura para ella. Y después un buen día se dijo que podría volver a trabajar. Solo que de otra manera. A través de cursos eventuales, empezó a enseñar mediación a futuros asistentes sociales por medio de cuentos y marionetas. Se sorprendió al darse cuenta de que contaba con un discurso que reparaba a las personas que formaba. Les hacía liberarse y, con unos cuantos pañuelos de papel, se liberaban de un drama. Si bien es verdad que no sabían nada del duelo de mi madre, percibían a través de sus ojos y sus gestos la reconstrucción de su alma. Ahora irradia la inmensa esperanza de que uno puede volver a ponerse en pie tras una dura prueba. Hoy en día, con ochenta años ya, la siguen solicitando. Sus alumnos la adoran. Junto con mi padre, siguen teniendo curiosidad por todo y se recorren toda Francia en coche en busca de maravillas de la arquitectura o la naturaleza. ¡Qué valor, menuda reconstrucción!

• *Buscar el sentido oculto de la muerte es un homenaje al ser querido que se ha ido, es la mejor manera de asegurarnos de que no se fue en vano.*

A todos aquellos que cuentan el número de sus difuntos y encuentran que son demasiados, les propongo la imagen siguiente: dos personas van al mercado de su pueblo. Uno de ellos es atleta y el otro un chiquillo. Compran comida. Al final meten todo en una cesta que pesa doce kilos. ¿Quién va a cargar con la compra? Obviamente el atleta. La carga se entrega a quien es capaz de llevarla. Esta pequeña historia demuestra que tenemos la fuerza suficiente para vivir situaciones duras, levantarnos y sanar.

Sin embargo, si te sientes abrumado por las emociones, probablemente necesites ayuda. No dudes en recurrir a tu guía diciéndole algo así como: «Todo esto por lo que estoy pasando es muy duro, te pido por favor que me des fuerzas para seguir adelante y entender el significado de esta muerte».

Yo ya no tengo ninguna duda en lo que respecta a la supervivencia del alma. Sé que mi hermana está a mi lado cuando pienso en ella. Nuestros difuntos oyen nuestros pensamientos y sienten nuestras emociones cuando les conciernen. Hagamos un último ritual para convencernos de ello.

Protocolo 22
Establecer contacto con un
ser querido fallecido

1. Piensa en la persona. Concéntrate en ella.
2. Dile en voz alta que la quieres.
3. Ahora concéntrate en tu corazón, en cómo te invade una sensación de alegría y plenitud. Tu difunto está a tu lado para reconfortarte. Esta reconexión tiene lugar en un plano sutil.

Después llega un día en el que la pérdida de ese ser querido deja de hacernos llorar. Entonces nos damos cuenta de que, si pensamos en él, nos acompaña a cada instante. Vive en nuestros corazones eternamente.

CAPÍTULO 22

Poner tu vida a punto

VIVIR TAL COMO ERES

Mirar cómo un lagarto sale de su muda es instructivo. Procede paso a paso, lentamente, y cuando ya se ha liberado de su piel vieja, avanza con más energía antes de desplegar toda su fuerza. Gracias a esta imagen, me di cuenta de que tenía que deshacerme de mi viejo caparazón para poder integrar plenamente todos los cambios que se habían operado en mi alma y mi conciencia a nivel energético. Tenía que dejar atrás esa piel exigua que había conocido el miedo, la tristeza y la cólera. Pero ¿cómo hacerlo? Al igual que el lagarto, decidí ponerme en movimiento. Nada tan simbólico como una caminata para finalizar mi camino hacia la sanación. Enseguida elegí el punto de partida y el destino: Burdeos-Lourdes. Un homenaje a mi abuela, que solía ir cada año en tren. Iba por lo tanto a recorrer trescientos nueve kilómetros sola. Teniendo en cuenta las paradas para dormir en los albergues que estaban abiertos en esa época del año, tardaría quince días en hacerlo. Elegí el mes de septiembre porque suele hacer buen tiempo. El suroeste es conocido por su veranillo de san Miguel y la sutil caricia del sol que se va alejando. Caminé todos los días durante un mes para prepararme.

El día de mi partida llegué al albergue tras veintiún kilómetros de diluvio y el sol por fin se dignó a hacer acto de presencia. Adèle, de tan solo cinco años, me propuso ir a buscar higos con ella. Una delicia. Su madre me dijo que el restaurante más cercano estaba a tres kilómetros y, al ver mis ojos abrirse como platos (me veía incapaz de volver a ponerme las zapatillas empapadas), decidió generosamente prestarme su coche. No me lo podía creer. A la mañana siguiente le confesé a Marie-José, la señora que limpiaba, mi interés por todo lo *invisible*. «Yo también —me contesta—. De hecho mi marido es extralúcido. Ve y oye a los muertos». Después añadió que cuando tenía cuatro años, su hijo Raphaël gritaba por las noches porque *veía* a un hombre en un rincón de su habitación. Un día, visitando a su abuela, reconoció la cara de esa *sombra* en un álbum de fotos. Se trataba de un tío abuelo fallecido hacía tiempo que se llamaba... Raphaël. Su padre le explicó que su antepasado se le aparecía para agradecerle que llevara su nombre y que le estaba protegiendo. Desde entonces el niño dejó de tener miedo. La señora continuó con una anécdota alucinante. Cuando tenía quince años, su hijo jugaba de portero. Su equipo tenía que jugar contra el Barcelona y estaban obligados a ganar para poder ascender. El empate los llevó a la tanda de penaltis. La responsabilidad caía de pleno en los hombros de Raphaël. De repente, oyó una voz: «Arriba a la izquierda». Se abalanzó en esa dirección y paró el balón. ¡Estaba convencido de que su padre le había hablado cuando descubrió que se encontraba en el graderío! Los susurros continuaron: «Abajo a la derecha». Entonces entendió que se trataba de su difunto tío abuelo. Siguió escrupulosamente las indicaciones del viejo Raphaël y

¡ganaron el partido! El tío abuelo es su guía y si Raphaël lo solicita en momentos difíciles, está claro que seguirá recibiendo su ayuda.

Después de dos etapas bajo la lluvia, llegué a Bazas. Charlando con la encantadora pareja que se ocupaba del albergue, el marido me contó que su hija Eleanor, de dos años y medio, no dejaba de mostrarles *presencias* que ellos eran incapaces de ver. Entonces les conté la historia de Raphaël y el partido contra el Barcelona y se quedaron estupefactos. ¡Hacía precisamente un año, estaban viviendo en Barcelona! Lo más increíble es que en aquella época, su hija jamás sonreía salvo cuando estaba en su habitación y miraba hacia uno de los rincones. Cuando le preguntaron, se dieron cuenta de que veía a su abuela fallecida, que también se llamaba... Eleanor.

Este viaje se me antoja como una especie de balance. La vida se divierte demostrándome la importancia de los nombres y de nuestros vínculos más que evidentes con nuestros antepasados. Sorprendida por la semejanza de las dos historias, tengo la impresión de ser el hilo conductor que une las dos familias a través de Barcelona y estos dos niños médiums.

Ha llovido durante toda la noche, la tierra y la hierba están saturadas de agua. Camino con la sensación de ser una esponja. De repente, un ciervo asustado irrumpe a diez metros de mí y huye, seguido de cerca por una jauría de perros. Tres hombres con fusiles salen del bosque y me doy cuenta de que es el comienzo de la temporada de caza. Entristecida por el pobre animal y temiendo una bala perdida, sigo mi camino cantando a voz en cuello. Si lo hubiera sabido, habría revisado mi repertorio. Ahora estoy cantando a pleno pulmón una canción de France Gall: «Sí, mamá, sí... si pudieras ver mi vida. Tan pronto lloro como río...», cuando de repente me cruzo con dos cazadores asombrados. «Cante o no cante, llueve», les digo encogiéndome de hombros.

Llego a Bourriot-Bergonce bastante irritada, con la sensación de ser una presa en fuga. Estoy harta de sobresaltarme con cada disparo. Son las tres de la tarde y llamo al dueño de la casa de huéspedes, cuya dirección está mal indicada. Me manda a paseo y me dice que vuelva dentro de dos horas. Me dejo caer en el suelo, tengo los pantalones empapados. El sol se compadece y finalmente aparece. Cansada, empapada y enfadada, he pasado miedo y este hombre me acaba de devolver como un *boomerang* toda la energía que desprendo, demostrándome una vez más la importancia de nuestros pensamientos. Eso lo entenderé al día siguiente, cuando todo se haya apaciguado, pero mientras tanto no dejo de pensar que mi anfitrión, cuyo albergue funciona gracias a los excursionistas, carece por completo de modales.

Varada al borde de la carretera mientras saco de mis *esponjas* talla cuarenta el jugo de mis calcetines, percibo a un hombre con una gran mochila que se dirige hacia mí. Se llama Bernard, está jubilado y ¡con sesenta y cinco años se hace etapas de cuarenta y dos kilómetros! Nos alojamos en la misma casa rural. Mientras esperamos, me cuenta que por la mañana ha tropezado con un agujero que no había visto y desde entonces se le ha desencadenado un principio de **ciática**. Le pregunto en qué estaba pensando cuando sucedió. Después de pensarlo, me dice que estaba enfadado con dos holandeses que el día anterior no quisieron compartir su comida con él ni entablar conversación aun cuando ambos hablaban francés. Le hablo entonces de las cinco heridas y le pregunto cuál se acerca más a lo que ha vivido. Me señala que es el rechazo. Le explico la benevolencia del universo, el hecho de que su alma ha elegido esa herida y que está atrayendo gente y situaciones que le permiten sanar dicha herida. Para él tiene sentido. Le sugiero que dé las gracias por haberse topado con los holandeses y con el agujero de la carretera y que intente encontrar el rechazo *original* de su más tierna infancia para a continuación limpiar los lazos de sufrimiento con su madre o padre. «Nunca nadie me había explicado las cosas de forma tan sencilla», me dice. Al día siguiente se pone en marcha sin rastro de dolor después de haber pasado una de sus mejores noches en mucho tiempo.

La abuela que me recibe en la siguiente parada me ofrece un chupito de Armagnac de melocotón para que *se me vaya la humedad* y rápidamente nuestra conversación gira en torno al mundo de lo invisible. Me cuenta que cuando ella y su marido compraron la casa y el terreno, mencionaron en voz alta que el granero no había sido construido en el lugar adecuado. Siete días más tarde se desencadenó una gran tormenta y un rayo cayó sobre él y lo quemó por completo. «Pudimos volver a construirlo en otro lugar gracias al seguro. Siempre pensé que una entidad benévola había escuchado nuestras palabras y que el tiempo se había vuelto loco a propósito. Fue todo tan rápido...», me dice. Mientras la escucho, me imagino al guardián de la casa que, feliz de descubrir la presencia de sus simpáticos huéspedes y su deseo, hizo que este les fuera concedido. Después me pregunto: «¿Qué es lo que debo sacar en conclusión de esta lluvia que no deja de caer a lo largo de todo mi recorrido?». De lo único que me beneficio es de un poco de notoriedad porque publico en mi página de Facebook una foto mía vestida con tres bolsas de basura amarillas (mi chubasquero ha pasado a mejor vida) mientras explico que se trata de la nueva tendencia otoño-invierno.

En la casa de huéspedes de Eauze conozco a Isabelle, una francesa, y a Christopher y Maria, alemanes de Hamburgo. Por las numerosas llamadas telefónicas que recibo, se dan cuenta de que es mi cumpleaños. La pareja prepara un plato con salsa para celebrarlo. Feliz por dejar de estar sola, cancelo la reserva que había hecho en un restaurante gastronómico y me precipito con Isabelle a la tienda de ultramarinos para comprar melón, paté, dos barras de pan, uvas y vino. Hacemos las presentaciones. Isabelle es enfermera en Limoges, Christopher es director de recursos humanos de un hospital para minusválidos y María es pastora protestante. Cada uno cuenta una historia a cual más extraña y yo les cuento lo de los fantasmas del tío abuelo de Raphaël y la abuela de Eleanor. Isabelle nos cuenta que su padre era un apasionado de las palomas mensajeras. «Cuando murió, tuvimos que vaciar la casa para venderla. El día en que fui, había una paloma en el tejado que me miraba de forma extraña. Pensé en mi padre pero no dije nada. Más tarde, mi hermana también fue a la casa y vio la paloma. Le dijimos: "¿Eres tú, papá, el que nos envía una señal con esta paloma?". La paloma nos miró a las dos y luego se fue volando. No la volvimos a ver, como si se hubiera quedado satisfecha de que lo hubiéramos entendido. Pero yo necesitaba algo más para creer y dije en voz alta: "Si eras tú, papá, quiero ver una paloma todos los días de mi vida". Y es lo que sucede desde entonces». Los días siguientes, Isabelle me envió de hecho fotos de palomas con las que se había topado en pleno bosque cuando yo por mi parte casi no había visto ninguna.

Después Christopher toma la palabra y nos cuenta que cada vez que hay algún problema en el hospital con los pacientes o con el personal, él llama a los difuntos que han trabajado en el centro para pedirles ayuda y todo vuelve a la normalidad rápidamente. Un director de recursos humanos que pide ayuda a fantasmas, ¡eso sí que es raro! Christopher añade que cuando su primera mujer estaba embarazada, pusieron el cochecito en la habitación del futuro bebé delante de la ventana. Acto seguido, una paloma se posó en el reborde y se quedó ahí varios días sin moverse hasta que el niño nació. Una vez que metieron al niño en el cochecito, la paloma echó a volar. Por ello pusieron al bebé un nombre que significa 'paloma símbolo de la paz'.

María se me queda mirando y me pregunta:

—¿Cómo se llamaba tu abuela?

—María, y este viaje lo hago en su honor.

Me acabo de dar cuenta al instante de que ella tiene el mismo nombre. Es alucinante. ¿Qué probabilidad existía de que dos de las cuatro personas tuvieran una historia extraordinaria relacionada con palomas y que las otras dos tuvieran un fuerte vínculo con el nombre de María? No nos conocemos y sin embargo siento que estamos conectados.

Tras mi cumpleaños el sol acaba por imponerse de manera definitiva. El cielo debió de percibir lo mucho que necesitaba que me limpiaran y me mandó las nubes para que me enjuagaran bien. Al día siguiente, me cruzo con un hombre en el camino, Christian, un granjero que ofrece té a los caminantes. Le doy las gracias mientras le digo que esta bebida caliente en una mañana fría es un pequeño regalo de cumpleaños. Él me confiesa que el suyo es hoy. Emoción compartida.

Françoise, en cuya casa duermo tres etapas más tarde, nació el mismo día que yo. La vida teje una red de hilos invisibles, que sin embargo están bien presentes.

En Vic-en-Bigorre encuentro a una masajista que acepta darme un masaje en su local a las seis de la tarde a pesar de que ya es la hora del cierre. Me da un masaje hasta las siete y media y recalca que me hacía mucha falta. Ella sufre del **síndrome del túnel carpiano** en una de sus muñecas y me ofrezco a explicarle la simbología, a lo que acepta: «Significaría que no logramos oponernos a las directrices de una tercera persona». Me confiesa haber sufrido las perversas manipulaciones de su exmarido... Este era el tema del libro que había terminado de escribir hacía tres meses. Le doy consejos al respecto.

Más adelante, me encuentro con el sacerdote de la abadía de Tarasteix que, por una suma irrisoria, ofrece alojamiento, cena y desayuno. Sensible a mi amor por la naturaleza, me enseña el magnífico lugar donde crecen olivos centenarios junto a especies insólitas. Decido entrevistarlo para *Inexploré magazine* y termina su día tocando el órgano para mí, sin saber que es mi instrumento favorito y también el instrumento que tocaba mi otra abuela.

Philippe, a quien no conozco personalmente y que trabaja en uno de los servicios técnicos del santuario de Lourdes, me sigue en Facebook. Se ofrece generosamente para hacerme de guía por el lugar. Le cuento que, al leer algunas de las publicaciones que he subido, varias personas con movilidad reducida me han dicho que tenían la sensación de caminar conmigo hasta este lugar sagrado. Entonces me entrega un bidón de diez litros que lleva en la mano y me dice: «Toma, para ti. Así no tendrás que caminar más para comprar uno y podrás llenarlo de agua del manantial. Se lo iba a llevar a unos amigos esta noche. Les regalaré tu historia a cambio».

Este viaje es un intercambio de energías. La conexión que existe entre los seres vivos está ahí, delante de mis ojos, gracias a una serie de sincronicidades, en apariencia sin relación entre ellas, que el azar se ha encargado de asociar en mi camino.

El otro... soy yo.

 • *No es necesario hacer un gran viaje para deshacernos de viejas iras y resentimientos. La meditación, la natación, el cuidado de las plantas, un pequeño paseo... cualquier actividad es válida para transformarnos en profundidad. Al pasear, captamos la energía de las plantas. Al respirar profundamente, permitimos que nuestras moléculas se regeneren para así poder dejar atrás viejas heridas.*

La naturaleza rebosa de vibraciones positivas. En verano podemos incluso caminar descalzos para aumentar nuestras sensaciones y sentirnos más cerca de la tierra que nos nutre. Al hacernos bien, irradiamos luz a nuestro alrededor y nos conectamos con el universo.

Conclusión

Juntos hemos descubierto otra forma de ver la vida. Hemos aprendido a ver lo que se esconde tras el fracaso y la enfermedad. El camino que acabas de emprender hará que te reconectes con tu cuerpo. Vas a poder hablarle como si fuera un amigo íntimo que te acompaña siempre, y le devolverás todo su poder de sanación. Ahora escuchas por fin los secretos de tu alma y cómo esta te susurra que sanar tus heridas es tu mayor reto, algo que aceptaste antes de encarnarte. Ahora sabes también que las pruebas, la adversidad, las frustraciones... son mensajes que el universo te envía para que puedas reconstruirte de manera profunda. Todas estas herramientas están ahora a tu alcance. Accederás a un estado de calma increíble. Algunas dificultades recurrentes van incluso a desaparecer. Y cuando surjan problemas, te sorprenderás dando ese paso a un lado que transformará cada reto en experiencia. Te darás cuenta al instante de que algo positivo está esperando a ser renovado. Que toda la «mierda» es en realidad abono para que la bella planta que eres crezca de otra manera. ¿Acaso no ponemos estiércol al pie de los rosales para que estos crezcan majestuosos? Buscas la herida que se reproduce y que se origina en tu pasado, ya sea como herencia de un fracaso de tus padres o abuelos, o incluso de un antepasado con el que compartes el nombre. Al hacer los protocolos, vas a liberarte del seísmo emocional y su reciente réplica. Los tiempos en los que echabas la culpa a los demás, al destino, a los virus y otros microbios, a la mala suerte o a cualquier otro elemento exterior se han terminado. Qué alegría saber que eres tú quien tiene la solución y que cambiando de punto de vista tienes el poder de liberarte de tus preocupaciones de forma duradera.

Gracias a las fuerzas invisibles que te rodean, has adquirido poderosos aliados. Te hablarán a través de tus sueños. Lo más difícil será dejar de lado esa mente que te dice que solo existe lo que se puede ver, y aprender a invocar a esos extraordinarios ayudantes a cualquier hora del día. Pero cuando hayas experimentado el poder de sus beneficios en numerosas ocasiones, no te quedará ninguna duda. Cuidarán de ti gracias a su conexión con el mundo sutil y te sorprenderás dándoles las gracias todo el tiempo, convencido de su bondad.

Lo habrás comprobado conforme ibas pasando las páginas de este libro, no se trata de nada mágico. La herramienta definitiva de tu liberación será el camino que emprenderás hacia el poder secreto del perdón, ese flujo de nueva vida capaz de desintegrar antiguas dificultades y enfermedades graves. Y cada día, el rencor se irá alejando un poco más y el perdón se apoderará un poco más de ti. Respaldado por tu profunda y sincera intención, te encaminarás hacia un nuevo tipo de vitalidad y una garantía de bienestar. Esta es la llave de tu energía. Tu vida ya ha empezado a cambiar para mejor.

Si viene una enfermedad

1. Estás enfermo: es la ocasión para intentar comprender el mensaje que tu cuerpo te está transmitiendo a través de los síntomas.

2. Solicita primero la ayuda de un terapeuta y/o toma medicamentos si lo necesitas con el fin de apaciguar la mente que cree que sin remedios no nos podemos curar. Ten en cuenta que a veces un placebo es más que suficiente.

3. Concéntrate en la información que te envía ese precioso aliado que es tu cuerpo. Busca el acontecimiento doloroso que ha provocado la afección. **Hazte las preguntas del protocolo 2.** ¿A quién has visto o has escuchado que te ha resultado desagradable? Si lo necesitas, busca pistas en la simbología de las enfermedades.

4. Haz el protocolo 3 y dirígete a tu cuerpo varias veces al día todos los días. Expresa en voz alta (y con *energía*) tu voluntad de curarte para dirigirte al 99% de lo que te constituye. Por ejemplo: «Gracias, cuerpo mío, he comprendido que esta enfermedad/ afección viene de tal problema emocional. Puedes eliminar los síntomas porque voy a hacer todo lo posible para limpiar dicha emoción».

5. Visualiza cómo limpias la zona afectada imaginando que expulsas el dolor a través de tu respiración, como hemos explicado en el protocolo 4.

6. Haz los dos protocolos de reconstrucción del alma, el 5 y luego el 6, con todas aquellas personas que te han desestabilizado profundamente con su actitud y te han robado energía. Para reconstruirte de forma duradera es necesario estar *entero*.

7. Recapacita sobre la herida emocional (injusticia, rechazo, abandono, humillación, traición) expuesta por la enfermedad.

Se trata de la réplica de otra herida más importante que tuvo lugar durante tu infancia o que has heredado de tus ancestros.

8. Limpia o corta los lazos de sufrimiento (protocolos 7 u 8) con las personas implicadas en estas pesadas cargas emocionales heredadas.

9. Reconéctate con tu niño interior para liberarte de la culpa que se encuentra en el origen de tus miedos y bloqueos.

10. Has atraído a estas personas o acontecimientos para intentar sanar todo ese seísmo original. Un día serás capaz de perdonarlos hasta el punto de poder darles las gracias por haberte permitido transformarte.

11. Date tiempo para perdonarte (perdonar a tu alma) por haberte impuesto tantos desafíos antes de encarnarte.

12. Repite los pasos del 1 al 5 todos los días hasta que el síntoma o conjunto de síntomas desaparezcan. Vuelve a hacer los protocolos 5, 6, 7 y 8 con un espacio **mínimo** de quince días entre la primera y la segunda tanda con el propósito de que tu cuerpo se impregne bien de estas nuevas energías. Tómate el tiempo que necesites para sanar. Puedes completar cada uno de los pasos de estos protocolos integrando de vez en cuando los rituales de purificación, enraizamiento y limpieza de la cama.

Ante un trance o una situación difícil

1. Atravesar un momento complicado es la ocasión de reparar una antigua herida.

2. Expresa en voz alta para ti mismo tu cólera, miedo, vergüenza, frustración, odio o tristeza.

3. Expresa tus resentimientos (de buenas maneras) a la persona en cuestión.
4. Identifica la herida: traición, injusticia, rechazo, humillación o abandono.
5. No te hagas revivir esa herida ni la hagas revivir a tu entorno.
6. Si te sientes perdido frente a la actitud de alguien en lo que respecta a tu futuro, eso significa que has perdido una parte de tu alma. Aplica el protocolo de reconstrucción del alma que se adapte mejor a tu situación.
7. Limpia (o corta) los lazos de sufrimiento con las personas implicadas en esas emociones dolorosas.
8. Fíjate en los ciclos que se repiten y limpia (o corta) los lazos de sufrimiento con los miembros de tu familia que se sitúan en el origen de tus problemáticas más íntimas.
9. Reconéctate con tu niño interior para liberarte de la culpa que se encuentra en el origen de tus miedos y bloqueos.
10. Has atraído a esas personas o acontecimientos para intentar sanar todo ese seísmo original. Tómate el tiempo que necesites para perdonarlas y poder un día darles las gracias por la persona en la que te has convertido.
11. Perdónate (perdona a tu alma) por haberte impuesto tantos desafíos antes de encarnarte.
12. Vuelve a hacer los protocolos de liberación de alma a alma cada vez que una emoción dolorosa reaparezca.

También puedes completar cada uno de los pasos de estos protocolos integrando de vez en cuando los rituales de purificación, enraizamiento y limpieza de la cama.

Agradecimientos

E ste libro es el fruto de los consejos que me han dado, de las prácticas a veces desconcertantes que la vida me ha invitado a utilizar para reconstruirme. Quiero por tanto dar las gracias en primer lugar a todos los magnetizadores, sanadores, médiums y chamanes por haberme confiado generosamente su experiencia y sus métodos. Cual crisol, y porque es hora de compartirlo con el mayor número de personas posible, este libro se convierte en el depositario de ese saber olvidado que he tardado diez años en recopilar, experimentar y a menudo completar.

Gracias infinitas a todos los médicos, psiquiatras y psicoterapeutas que han aceptado leer con mirada crítica y a la vez llena de benevolencia este trabajo. Gracias en primer lugar al psicoterapeuta Jacques Roques, cofundador de EMDR Francia y creador de la psiconeurobiología,* por haberme permitido añadir una noción importante en torno a la culpa, por el paralelismo entre la reconstrucción del alma y la técnica de los flujos luminosos utilizada en psicoterapia, y también por haberme permitido precisar que si tenemos en cuenta los decimales, en nuestro cuerpo hay un millón de veces más de energía e información que de materia. Gracias al psiquiatra Jean Sandretto por haberme dado la oportunidad de

---

* N. de la T.: Disciplina que se ocupa del estudio anatómico, fisiológico, bioquímico y funcional del cerebro y del sistema nervioso.

clarificar la noción sumamente importante de las neuronas espejo. Gracias al doctor y osteópata Patrick Jouhaud, profesor de la dinámica de lo vivo en osteopatía pediátrica, que me hizo descubrir su notable trabajo sobre la embriología y me sugirió hacer hincapié en la noción de sincronicidad en el capítulo «Poner tu vida a punto». Al doctor Gérard Ostermann, psicoterapeuta y profesor de terapia, por haberme llamado la atención sobre un hecho esencial: una emoción nunca es negativa ya que transmite un mensaje que permite reconstruirnos. Gracias a los cuatro por haber insistido en que la simbología de las enfermedades no deja de ser un conjunto de estadísticas y que la mejor manera de descubrir el incidente que desencadena una enfermedad es buscando el acontecimiento doloroso que la provocó.

Muchas gracias a mis queridas amigas. A Natalie Fuchs por su apoyo incondicional, y a uno de sus contactos gracias a cuyo protocolo mi vida cambió; a Nathalie Lenseigne, que me animó a dejar de esconderme detrás de la escritura de novelas y a mostrar mi verdadera naturaleza; a Laurie Fatovic por escucharme y haberme ayudado a imaginar este libro por primera vez; a Florence Hubert por sus conexiones y su presencia reconfortante, especialmente cuando mi hermana murió; a Loan Miège por su generosidad y ayuda en multitud de ocasiones; a Marie-Pierre Dillenseger por sus sabios consejos y por acompañarme cuando me sometí a la resonancia magnética que detectó la doble hernia discal que todo lo trastocó, y a Bénédicte Touchard de Morant, siempre presente en los momentos más importantes de mi vida desde hace más de treinta años: nunca olvidaré tu llamada y tus preguntas justo antes de que leyera este libro por última vez y las aclaraciones que pude añadir gracias a ti.

Gracias inmensas a todos aquellos que habéis participado en alguno de mis talleres o asistido a mis conferencias y que habéis venido a darme testimonio de vuestra sanación, de una mejoría evidente y a veces, incluso, de pequeños milagros de la vida. Vuestras transformaciones son un precioso regalo y un estímulo increíble.

Gracias también al *Jefe*, Francis Esménard, que tiene el arte de apoyarme de forma tan discreta como contundente; al nuevo director de Albin Michel, Gilles Haéri, por su entusiasmo el día en que le hablé de este proyecto, y especialmente a mi editora, Lise Boëll, por su genio instintivo y su preciosa ayuda para sacar lo mejor de mí; gracias también a Estelle Cerutti, Damien Bergeret, Iris Néron-Bancel y Florence Le Grand, que tanto me ayudaron a través de sus preguntas y sugerencias en la transmisión de mi mensaje. Este libro ha mejorado mucho gracias a este gran equipo.

Gracias incondicionales a mis padres, mis hermanas y el resto de mi familia por la persona en la que me he convertido. Gracias a mi hijo, a quien quiero tanto por su corazón puro como por su sensibilidad y su mirada ante la vida. Gracias a mi marido por su paciencia cuando estaba realmente mal, por respetar mi trabajo, por su amor, nuestra complicidad y todo lo que compartimos, y sobre todo por su alentadora benevolencia que me ayuda a avanzar en mi camino.

Gracias a A. L. por la eternidad.

Índice temático